少干更高效

[日] 伊庭正康　著

马谦　译

中国科学技术出版社

·北　京·

图书在版编目（CIP）数据

少干更高效 /（日）伊庭正康著；马谦译 .—北京：中国科学技术出版社，2021.8
ISBN 978-7-5046-9076-0

Ⅰ. ①少… Ⅱ. ①伊… ②马… Ⅲ. ①企业管理—人力资源管理 Ⅳ. ① F272.92

中国版本图书馆 CIP 数据核字（2021）第 112938 号

策划编辑	申永刚　赵　嵘
责任编辑	陈　洁
封面设计	马筱琨
版式设计	锋尚设计
责任校对	邓雪梅
责任印制	李晓霖

出　　版	中国科学技术出版社
发　　行	中国科学技术出版社有限公司发行部
地　　址	北京市海淀区中关村南大街 16 号
邮　　编	100081
发行电话	010-62173865
传　　真	010-62173081
网　　址	http://www.cspbooks.com.cn

开　　本	880mm × 1230mm　1/32
字　　数	165 千字
印　　张	8.75
版　　次	2021 年 8 月第 1 版
印　　次	2021 年 8 月第 1 次印刷
印　　刷	北京盛通印刷股份有限公司
书　　号	ISBN 978-7-5046-9076-0 / F · 933
定　　价	69.00 元

前言

⊙ 能否做到让下属充满干劲儿

能否做到让下属或团队成员充满干劲儿，是一个非常令人头疼的问题。

但是，不管您给出什么样的答案，我都暂且不太在意。对那些标榜“我们的团队（工作单位）肯定没有问题”的人我反而有些许担心。

这个“充满干劲儿”究竟是指一种什么样的状态呢?

我有自己的定义，那就是“**下属或团队成员乐于在工作中接受挑战，并在工作中可以感受到自己在成长**”。

这个定义的想法来自帮助成城石井、丹尼斯起死回生的职业经理人大久保恒夫所说的“专业人士的条件”[①]。

也就是说，那种令人感到兴奋的状态就是“充满干劲

---

① 根据NHK电视节目《行家本色》中的介绍，所谓专业人士就是“乐于面对挑战并通过工作实现成长的人”（大久保恒夫）。该节目于2009年11月10日播出。

儿”。相信大家都能赞同这个说法。

但是，对工作繁忙的领导者来说，做到让下属充满干劲儿不是一件很容易的事情。

可是，这毕竟是领导者所希望的事情。所以，我写了这本书。

⊙ 一直信任的下属提出了令人吃惊的问题

忘记说了。我叫伊庭正康，是一名培训讲师，经营着一家培训公司。

在之前工作的瑞可利管理咨询公司，我做过营销组长、经理、部长，37岁时成为关联企业（企业内创业）的负责人。

通过采用快速提高效率的方法，我让自己的团队成为“不加班的团队”。在我从事管理工作的十一年里，没有一名下属在工作中陷入崩溃状态，也没有一名下属在入职三年之内主动辞职。这两件事让我颇感自豪。

创业后，通过培训，我为超过20000名领导者传授了“可以让下属变得充满干劲儿的管理法”。

但是，我要坦白，过去的我也是一个不能让下属或团队成员变得充满干劲儿的领导者。

那是我在瑞可利管理咨询公司刚刚出任管理职位的时候，一个我非常器重的下属曾经对我提出过这样的问题。

下属："伊庭先生，看看您的这些下属，您没有感觉到什么吗？"

我："啊（认真地看了看周围）……你想说什么？"

下属："**您觉得有多大比例的人是在快乐地工作呢？**"

这下可把我给问住了，因为正好戳中了我的要害。

接着，下属又对我说："我们不怕工作多。但是，我们不想只停留在追求业绩上。我们想更多地了解自己今后的工作方向。我认为您作为领导，现在就有必要给我们讲一讲您的见解。"

我只能投降了。虽然我也对下属说了一些想法，比如"在我们负责的地区把市场占有率提高到50%""让我们部门的营业额突破30亿日元"等。可是，下属继续问道："通过实现这些目标，我们究竟想要得到什么？"

虽然很不光彩，但是我不得不承认，当时的我根本没有认真地思考过这个问题。

本书将向那些与过去的我非常相似的人，也就是完全局限于应付眼前工作的读者们介绍“领导者的理论”。

⊙ 是不是独自一人在努力

作为领导者的你是不是变得越来越忙了？是不是已经被要求减少加班了？

如果是这样，你有没有发现，你面对电脑的时间要远远多于和下属谈话的时间？另外，与下属本就不多的谈话内容，是不是也仅限于对工作的指示及确认方面？

这样的工作环境不可能让员工充满干劲儿，相反，只会让员工感到紧张不安。

如果真的是这样，**那你可能过于倾向独自努力了**。

实际上，你完全可以更多地将工作交给下属或团队成员。你可以把各种工作放手交给下属去做，这样不仅有利于下属的进步，而且还能增强下属对团队的归属感及主人翁意识。

日本对缩短劳动时间的要求已经越来越严格，如果领导者自身的工作都非常繁忙，那么除了把工作交给别人，事实上也没有其他的办法。

话虽如此，但是把事情交给别人也并非易事。其中的难处，我本人有着深刻的体会。在瑞可利管理咨询公司刚刚担任领导职务的时候，由于自己过于依靠个人的努力去完成工作，所以严重削弱了下属的工作热情及主人翁意识，这成了我的一段苦涩回忆。

之后，我进行了深刻的反省，通过对众多的领导者进行观察，我在他们身上找出了优秀领导者具备的一些共同特质，并总结出一套关于领导力的理论。之后，我将这一理论付诸实践，并在此基础上对其进行不断修正。可以说，成果是显著的。某个公司的员工满意率原来只有5%，在我的努力下，员工满意率上升到了95%。

⊙ 我曾经认为我不适合成为领导者

我是个不爱张扬的人，曾经，对当领导这种事情非常抵触，在成为瑞可利管理咨询公司营销组的一名组长之前，我一直都非常坚决地逃避担任任何领导职务（上小学时，就连在只有六个成员的小组中担任小组长这样的事都被我拒绝了）。

现在，由于我掌握了一些诀窍，已经能够做到轻松地把工作交给别人，现在我可以非常淡定地告诉你："没有一件事情能像担任领导者这样令我感兴趣。"

所以，那些认为自己"不善于把工作交给别人""不适合担任领导者"的人也大可不必担心。

另外，当你放手把工作交给下属处理时，下属一般不会认为这是被压上了沉重的负担。

本书将**向大家介绍"让被领导交代许多工作的下属变得充满干劲儿"的管理法**。

好吧，前面的铺垫就到此为止。

你可以选择通读本书，也可以根据目录来选择自己感兴趣的部分阅读，无论是哪种方式，相信你都能从中得到一些启发并将其运用到实际的工作当中。

我也经常能够从参加过培训的领导者那里获得发自内心的赞誉，他们往往都会有醍醐灌顶、拨云见日之感。

此前，曾经接受过我培训的一名企业领导者跟我谈起一件事。他的一名下属曾经想要辞职，但之后发奋努力，取得了优异的成绩并获得公司的表彰。在发表获奖感言时，这名下属表示:“通过改变看待问题的视角，我终于懂得了如何才能让工作变得有趣。”这都得益于这位领导者改变了与下属的相处方式。

如果你觉得自己没有能够让下属变得充满干劲儿，好的，现在机会来了。这次需要改变的是你。接下来，就让我为你娓娓道来吧。

RASISA LAB培训公司总裁/培训讲师　伊庭正康

目录

第1章 领导者如何调整努力方向来消除烦恼

第2章 领导者如何更好地把工作交给下属

第3章

如何成为下属愿意追随的领导者

第4章
领导者如何引导下属主动工作

第5章

领导者如何创建具有超强凝聚力的团队

第6章

如何成为善于决策的领导者

第7章 当领导者感到孤独时，该如何做

第1章

领导者如何调整努力方向来消除烦恼

01 没时间听取下属的意见，是不是不称职的领导者

领导者一定要听取下属的意见，这一点很容易理解。

但是，说实话，领导者自己的工作已经够多了，没有精力去听下属的意见。

连这种最基本的事情都做不到，是否意味着领导者并不称职？

⊙ 是不是领导者能力太低

领导者没时间听取下属的意见，并不意味着没有领导能力。

需要领导者处理的事务越来越多。“针对上市企业部门主管的调查”（2017年11月，日本产业能率大学）的结果显示，约6成的受访领导者回答，与三年前相比，自己的**工作量增加了**。

如果领导者在管理工作之外还负责具体业务，那么情况会更加严重。

同样有约6成的受访领导者认为，由于负责的具体业务已

经让自己非常繁忙，所以对管理工作的重视不够。这说明没时间听取下属意见是一种普遍存在的现象。

我从事培训工作，所以对此深有体会。

只要培训班的课程一进入课间休息时间，马上就有许多学员忙着打开电脑，开始回复邮件。即便是在上课期间，也有人拿出手机来查看邮件。

他们是这样解释的："我们也不知道为什么会那样做，但总感觉像是有人在催促自己去查看邮件。"

我觉得他们说的是实情。

目前，企业越来越重视风险管理，并且向多元化趋势转变势在必行。因此，工作中需要提交的书面材料更多了，需要汇报的次数也增加了。

也就是说，**仅靠努力工作已经无法解决问题了**。

⊙ 仔细倾听下属的意见会导致加班

其实每个领导者都想仔细倾听下属的意见，但问题是，听取下属的意见会使自己的宝贵时间被占用。

前面提到的调查中，有99.2%的部门主管还要从事具体业务，而且约半数（45.1%）的受访者表示自己负责的具体业务占全部工作的一半以上。这样算下来，一天当中，用于处理具体业务的时间就需要4~5小时。如果还要被其他事情占用时间，那每天用于处理具体业务的时间就只剩下2~3小时。这样一来，部门主管就只能通过加班来完成剩余的工作，但日本对加班的限制越来越严格，所以实际上加班这条路是行不通的。

所以，领导者没时间倾听下属意见也是很正常的。

⊙ 改变着力点就能找到解决问题的突破口

不过，领导者还是有必要对着力点进行调整。

实际上，我也曾经被这个问题困扰过，但只要能意识到自己的着力点可能不对，就能发现解决问题的突破口。

领导者需要思考的不是如何快速地解决问题，而是如何把工作交给下属去做。

例如，确认每天的营业额这种工作可以交给自己的下属去做；确认每天的工作进度也是如此，可以交给一个专门负责此事的人；还有新入职员工的培训，可以交给其他部门的人或者下属去做。领导者只要这样对工作进行区分，就可以把工作逐个交给下属。

不过，有人可能会产生这样的疑问：把工作交出去，这样会不会给下属增加负担?

实际上，并不会出现这种情况。

我可以介绍一下我在培训工作中听到的一些来自下属的不满："希望您能放手把工作交给我。""我觉得本来有些事情是可以由团队来完成的。"

也就是说，领导者应该更注重委托下属及同事。

也许一些领导者会遇到"无人可以委托"的情况，此时，只能去培养可以信赖的下属，或者谋求建立某种合作机制。

本书将要介绍的是如何激发下属的工作热情并以团队的方式解决问题的方法。

领导者变得越来越忙，因此，善于把工作交给别人，已经成为领导者应具备的一种不可或缺的能力。

02 领导者是否应该把工作交给下属去做

领导者亲力亲为，工作能完成得既快又好。

教会别人做一项工作是一件非常耗时间的事情。如果下属的能力再强一些的话……

⊙ 经验是否成了绊脚石

如果你没有把一些工作交给下属或同事去做，那你肯定是一个亲力亲为型的领导者，肯定比下属更加熟悉这些工作。

另外，你肯定还会把下属的工作完成质量跟自己的完成质量进行比较，认为下属还远远不能令自己满意。

如果你对业务比较精通，那或多或少你都会有一些自己的特殊要求，所以你是绝对不会轻易把这个工作交给别人的。

其实，“不能把工作交给下属去做”并不是因为下属的能力不够，而是觉得自己能做得更好，所以“不想交给别人”，这才是很多人内心真实的想法。

坦白地说，过去的我也完全是这么认为的。并非不信任下属，只是因为自己对业务非常熟悉，所以总是特别在意一些细微之处。哪怕是对策划书的颜色及字体，我都会很在意，所以就会觉得还是自己亲自动手完成的质量会更高一些。

跟下属一起去谈业务的时候也是如此。因为我本身很了解谈判的关键之处，所以总是越俎代庖，亲自跟对方谈起来。

我认为下属只要看着我怎么工作，然后照猫画虎去做就可以了。然而，那只不过是我的一厢情愿而已。

⊙ 如果所有人的能力都跟领导者一样会如何

我这个人总爱胡思乱想，有一次，我想到这样一件事。

如果全世界所有人的能力都跟我一样，那可能我们现在都还处于绳文时代[①]。

即使我们可以掌握高超的狩猎技巧，可能也无法学会种植水稻的技术，更不会冒着巨大的风险作为遣唐使奔赴海外去学习佛教，甚至还会把未知的国家与文化视为威胁。

这个比喻可能未必恰当，总之我要说的就是，一个人能做到的事情十分有限。

---

① 绳文时代，是日本石器时代后期，约一万年以前到公元前一世纪前后的时期，日本由旧石器时代进入新石器时代。——译者注

非洲有一句谚语：想走得快，就独自前行；想走得远，就众人同行。我认为可以把这句话作为我们的方向标。

其实，无论是松下幸之助[①]采用的事业部制，还是现代企业广泛采用的公司制度都是一种最大限度发挥集体力量的机制。

尽可能地让其他人的能力发挥到极致是一个引领组织发展的领导者需要做的。

⊙ 最初的三年决定了下属的未来吗

过去的我习惯独自努力，但如今我终于下定决心，试着把工作交给下属。

这样，曾经想要辞职的下属便迅速地成长起来，五年之后就成长为公司的中坚力量，十年之后就走上了领导岗位。现在他们都各有成就，有人已经创业并取得成功，有人留在公司担任重要的职务。

不过比这些更令我感到欣慰的是，我曾经的下属中没有人因工作而陷入崩溃的状态，也没有人辞职。

当然，他们的成就99%都得益于他们自身具备的潜在能

① 松下幸之助，日本著名公司松下电器的创始人。——译者注

力，但是我也很自豪地认为，剩下的1%是我的功劳。

瑞可利职业研究所（Recruit Works Institute）[①]发布的《入职后三年内上司对下属的影响（2010年调查）》显示：**入职后最初的三年至关重要。如果这段时间里，上司没有把难度较大的工作交给下属去做，那么第四年以后，下属的成长速度就会因此变慢。**

这个调查结果说明，需要在下属刚入职时就“不断地把工作交给下属去做”。

另外，某个财经类杂志有过这样一篇采访报道，其中记录了当时广受关注的职业经理人原田泳幸[②]的谈话内容：“那些说什么为时尚早、不愿意把工作交给下属去做的店长都是不合格的。”

言辞虽然激烈，但是表达的意思其实与我们所说的是一致的。

敢于放手把工作交给下属，下属就能快速成长，这一点应该不会有错。

本书旨在向读者介绍如何把工作交给下属，相信书中的内容都属于本领域的前沿知识。

---

① 瑞可利职业研究所是以人与组织为研究对象的机构。——译者注

② 原田泳幸，曾任日本麦当劳和倍乐生控股的首席执行官。——译者注

新员工入职后最初的三年至关重要。
领导者不把工作交给下属去做，会影响下属的成长速度。

03 领导者尽量不去批评下属，这种做法正确吗

批评下属对于领导者来说是一件很难做的事情。如果下属因此对领导者产生反感，那么领导者今后的工作就很难顺利开展，而要是下属就此辞职不干，则领导者的能力就会遭到质疑。

说实话，我也不擅长批评下属。但是，不批评就是对的吗？

⊙ 领导者态度严厉被当作职权骚扰的时代

“领导者对下属态度严厉”这件事情在时下的日本已经是非常危险的事情了。

因为即便你认为严厉是为了对方好，但仍然会被当作职权骚扰[①]。

① 职权骚扰是指凭借自身地位、专业知识以及人际关系等职场优势，超出正常业务范围给人造成精神和肉体痛苦或恶化职场环境的行为。——译者注

实际上，现在日本劳动监管部门接到的有关职权骚扰案件的咨询人数已经是十年前的3倍，其中有很多咨询内容是“自己被分配去做难以完成的工作”。[①]上司们听到这种怨言，估计当场就能晕过去。

日本效率协会公布了一份关于2018年入职新员工态度的调查报告。其中，关于“理想的上司排名”这一项的调查结果，让我这个平时很注意关心年轻人动向的人都大吃一惊。“会对我提出批评的上司”这一项在排名中的位置连续三次下降，从之前的第四名跌到第五名，在这份报告中又降至第十名。

这个结果本身并没有什么好与不好，只是受社会环境影响。领导者只要明白这些年轻人基本都成长于不会被人批评的时代，就会豁然开朗。

我再详细地解释一下。我们可以试着这样想一想：假设我们被老师或学长打了一个耳光，我们会作何感想？肯定无法接受吧。但是在三四十年前，这种事情则是非常普遍的现象。现在基本上已经不会遇到打人耳光的老师或者学长了。这是成长环境的变化。

培养人的方法一定会随着时代的变迁而发生变化。

---

① 资料来自日本厚生劳动省网站中的“快乐职场应援团”。

不过，这里**需要特别注意的是过度适应的问题**。领导者千万不要天真地认为在任何情况下都不能批评下属。

要知道，不批评下属确实存在许多弊端。

越是为下属的未来着想，领导者就越会为下属担心，因此就会感到焦虑，也就越容易发生批评下属的情况。

⊙ 从“严厉”转变成“细致”就能获得好的效果

此时，领导者可以试着改变一下方法。**从“严厉地表达自己的意思”转变成“细致地表达自己的意思”。**

跟下属讲话时，类似“达不到这种水平可不行”这样的话绝对不能说。

领导者将工作分配给下属时，要告知**为什么**要把这个工作交给对方；要告知工作的**程序**，让对方知道**具体**需要怎么做。

只有这些还不行。向下属进行确认，也是细致表达中不可缺少的部分。领导者要**确认**对方听到这个工作指示后的想法；**确认**对方是否有担心或者不太明白的地方；之后建立定期**确认机制**。

如果能做到这些，你就一定可以成为一名理想的上司。

前面提到的入职新员工的态度调查中也有这样的结果。

关于理想上司应具备的特质，入职新员工选择最多的两个特质列举如下。

第一名：可以**倾听**下属意见及要求的上司。有33.5%的人选择了这一特质。

第二名：可以针对工作进行**细致指导**的上司。有33.2%的人选择了这一特质。

上司在跟下属的谈话中也能清楚地了解到他们的想法。下属内心的真实想法是“自己不懂的事情太多，所以希望得到的是细致周到的讲解，而不是严厉的批评”。当然，他们的意思并不是希望有人宠着他们。

本书将介绍如何进行细致指导的实践技巧。

领导者不要放纵员工！正确的做法是对员工进行细致的讲解！

04 领导者应该如何与年长下属相处

作为领导者，你与年长下属的关系是很难处理的。有时他们比你更熟悉业务，你没有什么经验可以教给他们。此时作为上司，你总能感觉自己就是一个协调人而已。不直接做出什么指示，可能对双方来说都好。

⊙ 领导年长下属工作已经不是特殊现象

在日本，年长下属人数的增加已经成为一种普遍现象，几乎在每个企业都能见到。

就部门主管一级的管理者来看，下属中有年长者的部门主管已经超过半数（50.9%），这就是现在的实际情况。在职业道路已经非常多样化的今天，年长下属的存在绝对算不上什么特殊现象。[①]

但是，不知道该如何与年长下属相处的领导者也确实不

---

① 日本产业能率大学“第四次针对上市企业部门主管的调查（2018年）”。

少。尤其是年长下属的工作能力很强时，问题就会变得更加令人烦恼。

我本人也有过这样的经历。我遇到的这些年长下属，个个都有超群的营销能力以及极高的职业素养。对这些人，我不可能用过去的指导方法，即靠教授工作技巧来显示自己的存在价值。但是，如果**仅仅做一个协调人、传话人，那就意味着自己的工作失败了**。

这些人大多都非常了解组织的运行逻辑。他们的心里非常明白，直接和上司的上司商谈工作，效率会更高。

这样一来，我作为上司的存在价值不仅不能得到彰显，甚至连存在的意义都会遭到否定。

⊙ 如何成为能让年长下属轻松工作的上司

如果从下属的角度思考问题，上司马上就能发现一条非常简单的行事准则。那就是去想一想年长下属希望跟什么样的年轻上司共事。

En-Japan①公司在“中年人换工作”网站上针对用户进行了一项关于年轻上司的问卷调查，调查的结果具有一定的参

① En-Japan，日本招聘和求职信息服务供应商。——译者注

考价值。

在关于“可以轻松共事的上司所具有的品质”的选项当中，被选比例较高的是“态度谦虚”“能够听取别人的意见”。相反，关于“难以轻松共事的上司所具有的特质”的选项中，被选比例较高的是“不善于用人”“知识、见识太少”“不能听取别人的意见”“没有威望”。

从这些结果可以看出，一个上司要想不沦为协调人的角色，“态度谦虚”这一点何其重要。

因此，我们要记住三项原则。

【成为能让年长下属感觉易于共事的上司的三项原则】

1. 给出判断标准

绝不能成为一个机会主义者。健康问题、存在危险的问题、家庭紧急事务这些另当别论，至于工作上的事情，上司应该首先考虑的是团队的目标及方针。上司需要给出工作中具体事项先后顺序的判断标准。

年长下属的工作经验丰富，如果判断标准不明确，他们就只能根据自己的经验做出判断，其结果可能是双方都会感到不舒服。

2. 成为提供支持的人（圆滑的工作方式）

年长下属往往都会通过全身心投入工作的方式来摆

脱上下级关系的窘境。因此，上司应该多听取他们的意见，跟他们一起思考更好的工作方法，努力创造轻松的工作环境。

3. 要有虚心求教的态度

千万不能轻视他们的经验。他们可能也曾培养过下属或年轻同事，而且具体的工作经验应该也非常丰富。关于社会常识，他们知道的可能也更多。

凭借自己的经验甚至是地位来压制别人，这绝不是一个领导者该做的。

让年长下属充分发挥其长处，带领团队创造更好的业绩，这才是现在以及未来的领导者需要具备的素质。

本书将介绍一些有效的方法，帮助大家成为这样的领导者。

领导者与年长下属共事，不能忘记“三项原则”。

05 下属不能全身心投入工作是领导者的责任吗

为什么下属总是很容易放弃？是因为领导者没将自己的位置摆正吗？真希望下属对工作能够更加投入啊。

⊙ 适度工作在当今被视为一种很酷的状态吗

感觉下属对工作的投入程度还是不够，遇到这种情况时，我总会反问自己，是不是自己的位置没有摆正。但是，问题好像没有那么简单。

“完全没有必要那么拼命啊!”这是大多数下属的心里话。

瑞可利管理咨询公司的“新入职、年轻员工态度调查（2016年）”的结果也显示出问题的严重性。

其中一项调查是关于“对以工作为中心的生活抱有何种态度”，得到比较多的回答列举如下。

第一位：**不喜欢以工作为中心的生活**。

第二位：希望工作以外的生活能过得充实，所以**想适度工作**。

第三位：工作只是维持生计的手段，所以**希望适度工作**。

当然，人和人之间的想法会有很大差异，不过**对大多数年轻人而言，只知道埋头努力工作已经不再是一种美德**，这种认知已经成为一种常识。

⊙ 现如今是公司之外存在无数选择的时代

许多年轻人认为现如今是公司之外存在无数选择的时代。

我们应该如何看待这点？我认为很难断言持这种观点的年轻人就是错的。

“被认为平凡无奇也没有什么。”这句话出自已故的天台宗大阿阇梨酒井雄哉先生之口。意思是，人们无须勉强自己，让自己变得疲惫不堪，只要按照自己的生活方式认真地过好每一天就可以了。如果领导者能够意识到年轻人的想法与此相似，那么理解问题的方式可能就会发生改变。

实际上，从与他们的对话当中，就能了解到一些事情。他们并不是非常草率地就做出放弃的决定。相反，他们希望自己每一天都能过得很充实。

首先，我们要知道，问题的前提出现了巨大的变化。现在，**赚钱和获得快乐的方法都在增加**。

先看获得快乐的方法。即使没有钱，年轻人也照样可以获得快乐。如果想要什么，他们可以在Mercari[①]购买，不用的时候还能再卖掉。旅游时，他们也会使用比价网站。花20000日元就能买到飞往新加坡的单程机票。

另外，赚钱的方法也有很多，包括交易虚拟货币，也可以尝试进行类似国际汇兑（FX）等金融产品的投资。当然，年轻人还可以选择把爱好当成副业，在享受快乐的同时获得收入。即使在工作的公司里得不到升迁，只要有自己的公司，立即就可以获得老板的身份。

在与我的培训班的学员的谈话中，我也了解到，有刚入职的新员工自己已经创办了公司，只不过现在交给朋友打理，还有的人持有数百万日元的金融产品，这种现象在一些公司里已经很常见。

⊙ 当下属觉得生活可以以工作为中心时

毕竟领导者还是需要下属全身心地投入工作。

领导者的工作就是让下属做到这一点。实现这个目标的

① 日本的C2C二手商品交易平台，中国网友按照发音称其为“煤炉”。——译者注

方法只有一个：**根据每个人的特点去激发下属的工作热情，让他们更加愿意把心思放在工作上。**

前面提到的关于“对以工作为中心的生活抱有何种态度”，值得关注的是排名第四位的回答——如果有值得投入的工作，则**生活也可以以工作为中心**。

只要领导者确定了管理工作的方向，就完全可以找到解决“下属不愿意投入工作”问题的方法。

本书将介绍一些激发工作热情的方法，这些方法可以让下属“自愿投入现在的工作之中”。

只要发现这个工作确实值得投入，下属就会变得非常积极。

06 领导者如何将工作放手交给下属

领导者相信下属可以做好，所以不太过问下属的工作。

下属却说："希望您能多关心一下我们的工作。"可是，下属们已经不是小孩了啊！

⊙ 领导者应如何看待"希望您能体验一下我们的工作"这样的要求

当上司有意不做具体的指示，而把工作放心大胆地交给下属去做时，有些问题比较容易发生。本来是因为相信下属可以做好，所以决定把工作放手交给他们，但是下属却这样说："感觉我被冷淡对待了，您根本就不重视我。"

在我的培训课上也经常能听到学员有诸如此类的烦恼。

越是想尊重下属个人意志的上司，越容易遇到这样的问题。坦白地说，我过去也犯过这种错误。

我认为已经把一项工作放手交给下属去做了，可是下属却并不那么认为。虽然下属对我说"希望您能多关心一下我们的工作”，但是最初我还是认为“不是已经交给你去做了吗”，而且工作也没有出现什么问题，所以我当时只是觉得他可能是想让我多表扬。

之后，一有机会我就表扬这个下属，但是我发现他好像也并不是为了这个。后来，下属这样对我说：“希望您能体验一下我们的工作。”

也有很多有着同样遭遇的上司听到过这句话。那么，上司该如何处理呢？

⊙ 领导者要清楚“放手”与“放任”的区别

上司觉得下属可以自己做好工作，但事实证明并不是，这个打击是很大的。当然，我就受到过这样的打击。

之后，我便开始观察那些成功的领导者的行事方式，并努力探索自己的“放手理论”。

我找到了问题的重点，那就是**“放手”与“放任”并不是一回事**。

放手的上司**能够具体地回答出此时此刻下属正在做什么工作**，而放任的上司则只能给出模糊的答案。

放手的上司**可以列举事实来回答下属感到了什么样的不便、不安、不满**，而放任的上司则只能靠臆测。

假设有一个下属负责构建公司内部系统。上司对公司内部系统基本上没有什么了解。虽然上司没有必要掌握非常详细的相关知识，但是为了把握工作的流程，对这项工作还是应该进行一次实际的体验。如果上司对下属所做工作的流程都不了解，那就根本无法对下属提出的问题给出任何指导意见。而且，要是上司给出了不知所云的建议，反而会给下属增加压力。

我认为这就像是教孩子踢足球或者学算术。自己踢得好不好先放到一边，首先要知道足球是一项什么样的运动，如此才能教孩子踢球。同样的道理，教孩子学算术时，你可以忘记某个具体的方程式，但是你必须知道什么是算术。即便无法教授孩子踢球的技术，不能给出算术题的答案，也没有关系。但起码你应该看过足球比赛，了解算术所包含的内容。

“这个问题你去问问教练吧”“这道题的解法你去问问老师”，如果你平时对事情有基本了解，你就不会在遇到问题时感到手足无措。

现在，关于上司“放任”下属的问题在企业里经常发生。

本书将介绍一些有效的“放手方法”来帮助上司处理自己与下属的关系。

领导者只要了解“放手”与“放任”的区别，就能顺利地推进工作。

07 领导者不要陷入微观管理的陷阱

工作非同儿戏，不允许出现错误。所以上司会做出详细的指示，还会确认工作的进展情况。但是，下属处于忙碌的状态，就会觉得自己正在努力工作。

⊙“微观管理”会抹杀下属的积极性

大家知道“微观管理”这个词吗？它是指上司对下属做出过于详细的工作指示。

“你应该也知道，明天早上之前，把这个地方**务必填写好啊**。”“策划书要是写好了，先拿给我看一看。因为**不能出错**。”“问候客户的信件，不马上发出去**可不行啊**。”

看一看上面阴影部分的内容。这些内容都表示“没有做好就不行”，即便表达方式比较柔和，对方也会感觉受到了很大的约束。

我想应该没有什么人喜欢受约束。

所以，越是喜欢独立思考、重视自由的人，在微观管理的工作环境下，就越容易辞职。这种心理可能就像一个孩子想要离开过度管束的父母。但是，下属确实也有尚不成熟的地方。所以，上司会担心。

那么，我们应该怎么做呢?

⊙ 领导者应该关注自己是否影响了下属进步

越是有责任感的上司，就越容易陷入微观管理的误区。如果上司不再将心思放在关心眼前的事情上，而是放在关心下属的成长上，那就能成功地远离微观管理的误区。

“被动地去做工作”是无法让人成长的，这是已被心理学研究证明的事实。[①]

“虽然目标尚未完成，但是已经按照上司的指示打了30个电话”，就像这样被动工作时，人们很容易把责任推给别人。

针对这个问题，我们可以了解一下“自我决定感”。所谓自我决定感就是自己可以做出决定的感觉。

当人们自我决定感较高时，即便遭受失败，也能够在失败中总结经验并获得成长。“没能完成目标。当时要是那么做就好了。没事，下次就那么做”，像这样进行一下反思，总结

① 此观点来自爱德华·德西与理查德·瑞恩的“自我决定论”。

教训，积极面对接下来的工作。

日本星野度假酒店的星野佳路总裁的一句口头禅可以给我们一些启发。日本电视台曾经播放过有关该公司的纪录片，片中有公司开会的场景，星野佳路总裁经常说这样一句话：**“那该怎么办呢？”**

这句话能够非常有效地帮助下属建立自我决定感。该公司的员工是这样说的：“总裁这么支持我们的工作，我只有更加努力。”

今后我们可以试着这样思考。放手让下属去做，只要不犯致命性的错误，就可以促进下属成长。实际上，犯错误也不是没有任何意义，它能够让下属意识到自己的问题。换句话说，“错误”看上去以一种消极的状态存在，但也能为犯错误的人指明正确的道路，所以领导者没有理由不利用犯错误来帮助下属成长。

总结失败的教训，做好今后的工作就好。接下来该怎么办呢？

领导者应该注意是否剥夺了下属成长的机会。

08 领导者应该如何处理不知分寸的下属

领导者管理那些未脱学生气的职场新人是一件很令人头疼的事，事无巨细地提醒他们注意事项也很麻烦。但是，放任不管也不利于职场新人成长。有什么好办法呢？

⊙ 你们公司的年轻人怎么样

需要花费更多精力去管理职场新人，对于上司及老员工来说，可能是一种负担。

例如，当我们询问出错的原因时，职场新人会理直气壮地回答："我还没学过这个呢。"

询问没能完成工作的理由时，得到的答案是："我是按照您教的方法做的。"

询问入职培训如何时，他们会趾高气扬地提出所谓的批评意见："很多内容我早就知道了，所以我觉得培训的效率不高。"

这个时候，作为领导，你是不是很想说一句"能不能谦虚点儿”。就算你告诉职场新人“要知道分寸”也不会有什么作用。很多职场新人不具备职场人的思维模式。

但是，由此可以推断，这样的职场新人一定会让其他部门的同事以及客户感到不满意。这样一来，上司就会被认为在职场新人的培养上没有尽到职责。

⊙ 是否可以认为这是不拘一格降人才

我向各位领导者推荐一个方法，那就是领导者不要认为职场新人和自己的想法、认知一样。

领导者可以认为彼此成长的文化背景不同，因此需要把公司的规矩教给职场新人。这样职场新人的工作态度就会有非常大的转变。

这里可能需要做一点说明。作为领导者，我们可以试着这样想，这个过程就好比是培养从小在国外长大的职场人融入国内环境。当我们去国外时，一定会因为外国人的一些与我们不同的行为习惯而感到诧异。

前几天我看到了这样一幕。在某国的渡轮上，我旁边的男子打电话时的声音非常大，而且我身后还有一个女子也在大声讲话，就像吵架一般。但是，在该国，这是很常见的场景。所以，并不是这两个人有什么问题，而是不同地域的人**在行为**

习惯上存在差异。

如果上述案例中的两个人在日本工作，那就需要从基本的规矩开始对他们进行指导。把这个案例套在公司的新人身上，大家就能明白该如何处理。

“在公司里，希望你能大声跟大家打招呼”“开会时，要提前5分钟到场，看一看会场上缺少什么东西”，领导者需要像这样一点一滴地对职场新人进行培养。

⊙ 领导者需要教会职场新人的只有一件事

不过，如果领导者对职场新人的任何一件小事都进行指导，那巨大的负担会把职场新人压垮，同时职场新人也会被指挥得更加迷糊。因此，领导者只要把最重要的一件事教给职场新人就可以了。

我个人的建议是这样的。领导者需要**明确地告诉下属，“所有事情都要先站在对方的角度来试着思考一下”，并且要及时对下属的行为进行反馈。**“刚才那个电话，你说得挺好。从对方的角度出发了”“刚才那个打招呼，从对方的角度来看，是不是有点不太好”，领导者应该像这样对职场新人的做法进行点评和给出反馈。

在这个过程中，职场新人所有的“不知分寸的言行”都会被指出来，他们的工作方式也会因此发生巨大的改变。职场新人打招呼的态度也会从过去的敷衍了事变为诚心诚意。职场新人参加培训的感想也会变成对培训老师的感谢，并对学习内容进行汇报。如果能够站在对方的角度来思考，就可以尽快地把材料写好并交给对方。

也就是说，职场新人的行为习惯可以通过“告知标准”“进行反馈”等方法来加以培养。如果领导者总是在细小的言行方面对职场新人提出批评，那么就会显得领导者小题大做。

任何事情都一样，重要的是抓住问题的核心。

要点

领导者不要事无巨细地指出职场新人的错误，重要的是让职场新人学会站在对方的角度来思考问题。

第2章

领导者如何更好地把工作交给下属

01 领导者要善于放手

领导者只把简单的工作交给下属去做，这不能算善于放手。

真正善于放手的领导者能通过放手把工作交给下属来让下属成长。

并且，领导者在放手把工作交给下属时，需要有足够的决心。

⊙ 领导者需要放手把工作交给下属

有一次，一家咖啡馆的老板给我讲了这样一件事。一个负责收款的员工私吞了咖啡馆的钱款。可是，老板却对这个员工说了这样一番话："虽然你做的这个事儿很不厚道，但是，我还是觉得你是一个很有前途的年轻人。以后别再干这种事儿了。"老板在加以斥责之后，不但没有开除这个员工，反而继续让他做收款的工作。此后，这个员工再也没有私吞过钱款，并且加倍努力工作，甚至还当上了店长助理。

咖啡馆老板的这个故事让我们明白：领导者把工作放手交给下属时，需要下定决心。**这个决心就是要完全相信下属的能力。并且，领导者要做好准备，当下属没能把工作做好时，能主动站出来替下属承担责任。**

我曾把咖啡馆老板的这个故事讲给许多领导者听，他们听后的反应基本上都是这样的："我总是担心下属的表现会辜负我的期待。但是，不放手把工作交给下属肯定也是不行的。"

⊙ 领导者要相信人是会改变的

如果领导者太在意结果，那就无法放手把工作交给下属。因为下属在工作中一定会犯错误，并且下属在刚开始工作时进展不顺利也很正常。**领导者应该在意的不是眼前的工作成果，而是下属今后的发展。**

NHK[①]纪录片《行家本色》中介绍了关于日本高端食品超市成城石井的总裁大久保恒夫的故事，这个故事就很好地印证了上述道理。大久保恒夫总裁是零售企业重建的专家，曾参与过优衣库、丹尼斯等企业的改革，具有非常高的知名度。

该纪录片介绍了一位在困境之中的成城石井的店长在大

① NHK，日本放送协会，日本的公共媒体机构。——译者注

久保恒夫总裁指导下走出困境的故事。这位店长为人木讷，性格内向，在下属心中没有威望。他管理的店铺的关键绩效指标得分处于最低水平，店铺内的氛围也死气沉沉，该店铺简直不能再差了。如果其他公司出现这种情况，管理店铺的店长很可能会被降职。但是，大久保恒夫总裁不仅没有让这位店长降职，还对他说了这样一番话："人是会改变的。所以，我提供机会让你改变。我会一直等待，直到你改变的那一天。我相信你。"

过了几天，大久保恒夫总裁安排这个店长去参观一家充满活力的店铺。参观结束后，这个店长发现了自己店铺存在的不足，并对此感到非常惊讶。这位店长经过一番苦思冥想之后，终于想出了自己的计划。他召集下属开会，充满自信地讲了自己的计划："让我们的店铺变成用微笑面对客户的店铺，这就是我的目标。这不是我一个人努力就能完成的目标。请大家帮助我实现这个目标。拜托了！"从那天开始，这位店长变得愿意把自己的想法分享给下属了，他的店铺也变得充满了活力。故事到此结束。

我曾经与一位很熟悉这个店长的人士谈话，我问他："那个故事是真的吗？"他告诉我："是真的。"据说，在大久保恒夫先生上任之前，成城石井已经完全丧失了活力。但是，大久保恒夫先生出任成城石井总裁之后，公司的氛围发生了根本性的变化，公司的业绩也开始不断提升。十年的时间过去了，那位店长仍在成城石井的管理岗位上奋斗。

当一个领导者还不敢放手把工作交给下属时，可能是因为这位领导者只从如何完成工作的角度来思考问题。实际上，领导者应该从如何为下属创造机会，以及如何让下属成长的角度来思考问题。

或许你的下属并不完美。但是，你可以考虑试着相信下属，放手把工作交给他们，这样可以帮助他们迈出一大步。

领导者应该做到不计较下属目前的工作成果，把目光放到下属今后的发展上。

02 领导者应该鼓励下属积累工作经验

即使领导者利用自己丰富的工作经验获得了很好的工作成果，也不能算作是对公司未来的投资。

领导者提高下属的能力，增强下属的自信，才算是对公司未来的投资。领导者要想培养下属坚实的自信，就要让下属不断积累工作经验。

⊙ 领导者有时候要做到对下属完全放手

领导者需要做的不是利用自己丰富的经验去很好地完成工作，而是要思考如何对公司的未来进行投资。培养下属就是领导者对公司未来的一种投资。

优秀的领导者应该做的是：把工作交给下属去做，即使下属做得不好也无所谓，尽可能地让下属积累工作经验。

从前，我还是一名公司职员的时候，曾被任命为一个新项目的负责人。但是，我负责的项目一开始就进展不顺，第一年的赤字金额远超预想。之后，我收到一封邮件，邮件中写道:“副总裁要与你谈一谈。”当时，我害怕极了。因为，如果我在与副总裁谈话时说错什么话，那么，我负责的项目可能会被叫停。

我的直属上司和副总裁的关系还不错，所以我请求他帮我与副总裁通通话。如果这两个领导能事先就我的项目的问题谈一谈，那么我的项目就不会被叫停。可是，我的上司给我的回应完全出乎我的意料。他是这么说的:“你自己去吧。”当时，我直接就懵住了。然后，我一个人硬着头皮去找副总裁谈话，拼尽全力对我的项目出现的问题进行了一番解释和说明，最终得到了副总裁的支持。**这次经历让我彻底改掉了依赖上司的毛病，并增强了对工作的责任感。**

⊙ 领导者应该让下属去“经历蜕变”

上面提到了上司让我一个人去找副总裁谈话的事情。我的上司一定是想借这个机会点醒我。那个时候的我确实有依赖上司的毛病。所以，上司就故意让我一个人去。

让下属自己积累工作经验的过程就是最好的学习过程，远胜过上司的言传身教，这是我的切身体会。作为领导者，如果你可以轻易完成一项工作，但下属做这项工作会遇到一些困难，那么请你把这项工作交给下属去做，让下属积累经验。如果你想将某一个下属培养成自己的接班人，那就应该把关系到整个团队的核心工作分出一部分交给这个下属去做。如果某一个下属缺乏进取心，你可以让他去做有挑战性的工作。如果某一个下属心高气傲，喜欢擅自行事，你可以让他去带一带职场新人，以帮助他进行反思。

我建议你去观察一下自己的下属，看一看他们身上存在什么问题，赶快让他们去经历蜕变吧。

⊙ 领导者要了解下属的特点及曾经的工作经验

如果领导者在没有很好地了解下属特点的情况下，就把工作交给下属，有时候可能反而会害了下属。领导者需要特别注意的是要了解下属曾经的工作经验。如果下属是职场新人，领导者就有必要详细地传授工作方法；如果下属是有一定工作经验的人，领导者就应该给他们机会让其自己思考。

领导者要敢于放手把工作交给下属去做。不过，如果下属不能正常完成工作，并因此导致连续加班，那就本末倒置了。

另外，领导者还要了解下属工作是否有条理。对于工作没有条理的下属，如果领导者不参与到该下属的工作之中，并指导该下属学会有条理地工作，那么，下属的工作就很可能变得一团糟。有时，领导者还需要通过让下属与老员工结队工作的方式给下属提供必要的支持。

无论什么样的下属，领导者在把工作交给他们的时候都应该问他们：“怎么样？觉得能行吗？”领导者这是通过确认下属的意愿来增强下属的责任意识，这样有助于下属克服在工作中遇到的困难。

领导者不要对所有工作都亲力亲为，要放手把工作交给下属去做，即使失败也不要紧。这可以当作是对公司未来的投资。

03 领导者如何把工作交给职场新人

当领导者觉得把工作放手交给一个职场新人还为时尚早时，就已经是在阻碍职场新人成长了。

领导者敢于放手把工作交给职场新人，才能帮助职场新人成长。但是，领导者也不能操之过急，应该学会以更加体贴的方式把工作交给下属。

⊙ 不愿意被委以重任的职场新人

瑞可利管理咨询公司的调查报告“职场新人的诉求”（2017年）的调查结果非常值得注意。

职场新人中，希望领导者把工作放手交给自己来做的人所占的比例只有大约5%，也就是二十个职场新人里只有一个人这么想。不过，领导者因此就觉得把工作放手交给职场新人是一件非常困难的事情，那也是过于悲观了。如果领导者纵容职场新人，而不把工作放手交给他们，只会让职场新人觉得他们在这个公司没有发展空间。

我曾在第1章提到过。职场新人进入职场之后的成长，取决于最初三年的工作经历，而且还取决于他们能否克服遇到的困难。

因此，如果领导者希望职场新人能够成长，那就应该在其入职最初的三年时间里，把工作放手交给他们，让他们一点点尝试，一点点积累经验。但是，如果领导者无原则地放手，则只能让职场新人崩溃。即使领导者是出于好意，也不能对职场新人说下面这些话。举例如下。

职场新人对领导者说："我也不知道，我该做点什么？"

领导者回答："先按照你认为正确的方式试着做一下。"

那么，领导者该如何做呢？

⊙ 领导者把工作交给职场新人时，应该坚持哪些原则

领导者放手把工作交给职场新人是非常好的做法，不过领导者要记住，**放手时要坚持"共同努力、细致体贴"的原则**。

"职场新人的诉求"（2017年）调查中，有一个问题是"职场新人希望上司做哪些事情"，职场新人选择最多的两个选项列举如下。

第一名：上司能够倾听职场新人的意见与想法。有47%

的人选择了这一选项。

第二名：上司对每个职场新人逐一进行细致的指导。有40.1%的人选择了这一选项。

领导者把工作放手交给职场新人时，要考虑职场新人的上述诉求。同时，领导者也要注意以下5点。

【领导者放手把工作交给职场新人的方法】

（1）领导者应该积极地把**风险较低的团队工作**交给职场新人去做。

（2）领导者应该从5W2H[①]的角度，传授给职场新人**具体的工作方法**。

（3）领导者传授完工作方法后，确认职场新人是否存在顾虑或有不明白的地方。

（4）**为了避免出错，领导者应该让被委以工作的职场新人复述其需要做的事情。**

（5）最后，**双方确认**“是否已完成工作”，领导者**对职场新人在工作中的优点提出表扬**。

做到上述5点，不仅领导者可以做到放手把工作交给职

① 5W2H，是指地点、时间、人员、原因、事件、方式和程度（数量）。——原注

场新人，职场新人还会对领导者表示感谢，觉得“领导者愿意倾听下属的意见”“领导者非常关心下属，愿意细心地传授经验”。我自己自从掌握了上述方法之后，也会把“收集资料”“收集客户反馈意见”等风险较低、职场新人也完全可以胜任的团队工作逐步交给职场新人去做。

我相信，领导者的手里总有风险低但又不得不做的工作，这些工作完全可以交给职场新人去做。这样，职场新人就能快速成长起来。

为了让职场新人尽快成长为可靠的人才，建议领导者们去实践一下上述的方法。

领导者不放手把工作交给职场新人，对于双方来说都不是好事。
领导者放手把工作交给职场新人时，应该坚持“共同努力、细致体贴”的原则。

04 领导者应该谈一谈自己的失败经历

完美的领导者很难让下属发挥主动性。

有能力的领导者除了需要对下属细致体贴外，还要勇于讲述自己的失败经历。这会让下属觉得自己的职业发展很有希望。下属越觉得自己的职业发展有希望，就越能全力投入工作。

⊙ 不要把职场变成地雷阵

我曾经在日本名古屋火车站前的餐馆里遇到这样一件事情。这个餐馆的店长**嘴里说着："师父领进门，修行靠个人。"**并且，他不停地忙着手上的工作，完全不理会店员。在这个餐馆里，有的店员在工作，有的店员只是站在那里，不知道应该干点什么，如果擅自行动，又怕被店长训斥。这种**职场的氛围让人感觉随时都能踩到地雷。**

这个餐馆的店长对站在一旁的店员说："别戳在那儿行不行！没看见客人都等着吗？"店员顿时感到无所适从，眼睛不停地看向四周。这个店长紧接着又说："光戳在那儿看有什么用呢？现在该干什么啊？"店员鼓足勇气准备去端盘子，此时店长用余光看到了店员，立刻发火了："不是干这个。现在，该干什么？"

虽然我觉得这个店长是想教会店员该如何工作，但是在这种职场氛围下，店员应该没有办法继续干下去。领导者如果过分在意自己的工作方式，希望别人完全按照他的方式工作，并且不与下属好好沟通，那在他手下工作的下属就只能感觉到恐惧了。

越是有具体工作经验的领导者就越在意细节。

那领导者该怎么做呢？

⊙ 领导者的失败经历可以激发下属的主动性

如果领导者希望下属能全身心地投入工作中，那就应该让下属感觉到自己的职业道路是非常有前景的。

我本人做企业培训讲师的工作，能接触到许多企业的领导者。下属离职率低且工作具有主动性，能实现这些的领导者无一例外地都会做同一件事，那就是他们都**愿意谈自己的失败经历**。

领导者可以这样说："当我还是一个职场新人的时候，为了完成目标，工作的压力非常大，导致没能站在客户的角度思考问题。被客户斥责后，我才意识到这一点。往事不堪回首啊。一定不能忘记从客户的角度思考问题。”

下属们听到领导者的失败经历会这么说：“一想到领导现在这么厉害，可从前也有失败的经历，心理上就能得到一些安慰。”这就是所谓的让下属觉得自己的职业道路有前景。下属还会觉得，如果领导者也有失败的经历，那么即便自己工作出现些许失误，领导者也肯定能原谅自己。

另外，能够激发下属主动性的领导者们还有一个共同之处，那就是有些事情**装不明白，要让自己看起来比较容易接受下属的建议**。举例如下。

领导者说：“咱们这次以什么方式欢迎新入职的员工啊?”

下属回答：“啊，您看这样行吗？全体老员工每人写一段欢迎词。”

领导者说：“这样啊，你还真有办法。那这个事情交给你去办一下，没问题吧?”

下属回答：“好的。回去我再跟大家一块儿商量商量。”

领导者装作不明白，可以让下属心态更放松，更可以畅所欲言。所以，重要的是领导者要让下属拥有敢于畅所欲言的心理状态。用专业术语来表示，就是“心理安全感”。领导者**讲述失败经历、装作不明白，这些都是保障下属心理安全感的**

手段。领导者有技巧地向下属展示弱点，就能有效地提高下属的主动性。

领导者为了激发下属的主动性，应该有技巧地向下属展示自己的弱点。

05 领导者要向没有经验的人学习

没有卓越成绩的人就不能担任领导者，这是一种完全错误的想法。

有时，没有具体工作经验以及相关工作成绩的人可能更适合做领导。实际上，有经验、有成绩的领导者才更需要注意，不要被固有的认知所束缚，不要拒绝听取多元化的意见。

⊙ 无法战胜没有经验的人

我曾经与三位健身房老板聊过天。第一位老板以前是职业拳击手，身体非常强壮。第二位老板是现役健美运动员，肌肉非常发达。最后一位老板以前竟然是做编辑的。

我们主要聊的话题就是：没经验就是武器。

曾经做编辑的老板说：“对于打理健身房，我完全不懂。所以，所有事情都要问下属。我把工作放手交给下属去做，他们经常能够拿出超出我想象的提案。如果我觉得提案不错，就让他们去试一试，结果还真可以。我靠着这帮下属，现在所有工作都在按计划进行。”这位曾经做编辑的老板讲得比较谦虚，其实他的健身房主打调整身体状态的全新理念，现在发展得非常顺利，而且受到了广泛关注。

很多领导者都对我讲过：“有时候最难战胜的就是没经验的人和年轻人。”没经验的人和年轻人**没有太多“禁忌”，只要觉得方案好，就敢于立即实施**。也就是说，因为领导者没有经验，所以就只能依靠下属，即使下属的提案属于“禁忌”，领导者也照收不误。敢于尝试让这些领导者更容易成功。

很多全新的产品、服务都产生于“禁忌”。前面提到了健身这个行业，像主打控制饮食的莱札谱（RIZAP），引领“暗黑拳击”的必曼斯特健身（b-Monster），这些健身俱乐部采用的健身方法在过去的健身行业都会被视为“禁忌”。

⊙ 向没有经验的领导者学习

有经验的领导者该怎么做？领导者应该**在听取下属意见的基础上，将那些被认为是“禁忌”的方案付诸实践**。关键就在于，有经验的领导者能够抛开多少自己原本的经验，具体做法列举如下。

【领导者打破固有经验的诀窍】

- 领导者应该听取下属、商业伙伴的意见，了解现状。
- 领导者应该向下属、商业伙伴了解“三个不”（不满、不便、不安）。
- 领导者应该提出自己的假说（是不是应该这样做?）。
- 领导者应该听取多个下属的意见。
- 领导者应该让下属给出方案（打破固有的概念）。
- 领导者应该让下属先进行小规模的实验，尝试找到新的方案。

上述诀窍中，**重要的是领导者要提出自己的假说**。如果领导者没有自己的假说，那就只能原封不动地接受下属给出的方案。要记住，做决定的始终都是领导者，而不是下属们。

领导者回顾最近半年的工作，如果感觉下属的提案比较少或者缺乏主动性，那么可以试一试由下至上的管理方式，要求下属必须拿出提案。如果领导者认为单位内部管理或者产品服务方面存在问题，那正好可以利用这个机会，问一问下属是怎么想的。

当然，领导者和下属们也可以一起讨论一下有没有其他的问题。这样，领导者就可能发现超出自己经验、想法的，甚至是被视为“禁忌”的方案。

在接下来的一个月里，建议领导者们试一试被视为“禁忌”的方案。反复尝试，领导者就能形成独特的领导风格。

领导者可以采用由下至上的管理方式，主动听取下属的意见，并且尝试被视为“禁忌”的方案。

06 领导者要区分使用由上至下的方式与由下至上的方式

领导者即使使用由下至上的方式，也不能对下属说："你（们）想怎么做就怎么做吧。"因为那会让下属觉得这位领导者太没有责任感了。因此，领导者应该学会区分使用由上至下与由下至上的方式。

⊙ 极端民主型领导者的弊端

最近，提倡"大家一起做决定"的领导者越来越多。这本身没有什么问题。但是，如果领导者说："好吧，既然大家这么说了，那就这么决定吧。"这样的做法是不行的。这就相当于领导者把决定权交给下属的同时，也把自己要承担的责任交给了下属。

十年之前，我还在以前的公司担任管理者时，手下有一个职场新人，目前已经在领导团队了。我很高兴再次见到他，并且有机会作为培训讲师对他进行指导。因为他是我原来的下属，所以我与他进行了一番非常坦诚的交流。他说："因为大家（下属）都提出了同样的意见，所以我就按照大家的意见做出了决定。”

我听后非常不客气地对他说：“听取别人的意见当然是非常重要的。但是，最终由谁做的决定？听你刚才的话，做出决定的好像是下属？”

他回答：“大家决定的。”

我问道：“那好，如果失败了，谁来承担责任？”

他回答：“哎……谁呢……应该是我吧……”

我问道：“你认真考虑过了？”

他回答：“还是您考虑得周全！说实话，我还真没考虑那么多。”

他想尽可能地重视下属们的意见，这种心情我完全可以理解。那么，他到底应该怎么做呢？

⊙ 方针由领导者确定，方法由下属思考

上文中提到的我原来的下属应该做的其实就是学会区别使用由上至下与由下至上的管理方式，其中的要点列举如下：**“应该做什么”（方针）通过由上至下的方式决定，“怎么做”（方法）通过由下至上的方式解决。**

这里可以参考的是日本承揽火车车厢清扫业务的株式会社JR东日本Techno-heart TESSEI公司的原接待创新部部长矢

部辉夫先生的做法。矢部辉夫先生首次将“接待”（Hospitality）的概念引入车厢清扫业务，该公司极具特色的清扫业务还被哈佛大学商学院编入教材。

以前，这家公司的员工的积极性非常低。整个公司的员工的想法都是：只要打扫干净就好。矢部辉夫先生作为该公司的一名领导者，提出了明确的方针。那就是：通过清扫卫生来为客户创造旅途中的美好回忆。在此基础之上，矢部辉夫先生还提供机会让大家共同思考。由于孩子们在站台上嬉戏是比较危险的事情，所以有的员工就提议在站台上绘制线条画，希望以此来让孩子们待在安全的地方。另外，诸如“在车站内设置母婴休息室”“在新干线列车上设置女性专用厕所（仅限JR东日本公司的新干线列车）”等措施，都是矢部辉夫在听取了下属的提议后才实施的。

也就是说，**只有领导者通过由上至下的方式提出方针，才能让下属们更积极地去以由下至上的方式来解决问题**。越来越多的领导者开始倡导“事情由大家决定”，但这实际上应该由领导者本人做决定。

领导者应该提出方针，然后由大家共同思考具体的方法。这样，下属的工作会更容易开展。

领导者确定方针，下属思考方法。

07 领导者要学会面对下属的负面情绪

领导者已经把工作放手交给下属去做，但不知道为什么，下属仍然会对领导者说“您要多帮帮我”。这么说的下属其实还算是不错的。大多数下属不会向领导者表达内心的想法，而是选择默默地忍耐，这样会使下属积压不满情绪，最终在某个时间点爆发。

⊙ 领导者要理解下属的负面情绪

我先讲一段我的失败经历。

我刚刚走上领导岗位的时候，有两个下属对我表达了同样的不满。其实当时都已经算是吵起来了。

当时，一位下属这样对我说道：“为了伊庭先生，我已经非常卖命了，可是您能不能再多帮帮我呢?”

那时我还年轻，可能当时心情也不大好，所以就反驳了回去：“我是因为相信你才放手把工作交给你的！而且，说是为了我，这有点儿不对吧。难道不应该是为了客户吗?”

下属愤怒地说道:“您交给我的工作我再也不想做了，伊庭先生!”

无知真的可怕，那时的我完全不像一个领导者。我从做具体工作岗位走上领导岗位，脑子里只想着“工作中大家都要有职业意识”。所以，当时我完全是在依据自己的经验对下属发号施令。**这种情况多发生于那些做具体工作时非常独立、能力很强，并在后来走上领导岗位的人身上。**尤其是那些不会在工作中感到孤独、焦虑，能够完全屏蔽负面情绪的人。

对于我来说，把“希望别人多帮帮我”这种情绪带入工作中的情况绝不可能出现，所以我完全无法理解下属们的这种想法。但是，领导者要想把工作放手交给下属或和下属一起工作，就必须学会与下属的负面情绪为伴。所谓**善于放手的领导者，也就是懂得与下属的负面情绪共处**的人。

⊙ 领导者应了解的与下属的负面情绪共处的方法

我们先回顾一下第1章曾提到过的放手与放任的区别。

【“放手”而非“放任”的标准】

- 领导者能**具体地讲出下属现在的工作内容**。
- 领导者能**了解下属现在的负面情绪（不安、不便、**

不满）。

- 领导者对下属完成的工作进行**反馈**。

其实，被领导者安排工作的下属会感到焦虑，会想“在出现意外情况时，该如何应对”。因此，**下属希望领导者能了解自己的工作现状**。

另外，对于已经完成的工作，下属也会担心工作完成的质量好坏。所以，领导者的反馈对于下属来说是非常重要的。领导者可以告诉下属：“干得非常好。谢谢！”这对于下属来说是一种鼓励，让下属能有足够的信心投入到接下来的工作中。

下面，我再介绍一个值得推荐的方法。领导者要每间隔**一个星期或两个星期与下属进行一次谈话。**大家不要站着谈，要坐在办公桌前面对面谈。就谈话这种事情来说，和对方进行目光交流是非常重要的。如果谈话双方不在同一地点，也可以通过网络聊天软件进行交流。

领导者可以对下属说：“这个星期大家干得不错，非常感谢。有没有什么事情需要我了解的？”

哪怕领导者与下属只谈几分钟也没关系，甚至有的时候几十秒钟也可以。领导者的这个举动能让被安排工作的下属感到安心。

领导者要学会与下属的负面情绪共处。

第3章

如何成为下属愿意追随的领导者

01 领导者该如何平衡管理工作和具体工作

领导者在负责管理工作的同时还要负责具体的工作，这要比我们想象的难很多。

甚至领导者有时候还需要放下手头的工作，优先处理下属的问题。领导者只要能克服难题，就能成为一名真正的领导者。

⊙ 承担具体工作的领导者要懂得切换模式

负责具体工作的领导者会因为没有足够的时间和下属谈话而感到苦恼。这是因为领导者的具体工作与其管理工作属于“对立”关系。这就像是一个母亲没办法以工作的模式来处理家务及照料子女一样，领导者也无法以处理具体工作的模式来管理下属。那样领导者只会把管理工作做得不伦不类。

我们制作美味的晚餐时，可以一边做汉堡肉饼，一边做沙拉，但是具体工作与领导者的管理工作则完全不同，二者绝不是“并行”关系。

把具体工作和管理工作同时做好的诀窍就是：领导者**在与下属接触时，要立即切换到领导者模式**。

⊙ 领导者在领导者模式下要做到没有私心

什么是领导者模式呢？

如果说下属做具体工作是为了完成自己的工作任务的话，那么领导者则正好与此相反。领导者应当把自己的具体工作完全放到一边，思考任何问题都要从为团体、下属做好服务的角度出发。领导者有一个规则可循：领导者模式永远高于具体工作模式。也就是说，当领导者的具体工作与管理工作相冲突时，领导者**永远要优先选择做管理工作**。这一点非常重要。

假设，领导者的具体工作是做销售。当下属想让领导者和他一块去见客户且确实有必要时，领导者就应该先将自己的具体工作停下来，优先处理下属的问题。打个比方，如果你是母亲，那么孩子感冒并且发烧时你应该放下手中的工作带孩子去医院。如果下属的工作积极性不高，那么领导者就应该放下自己的具体工作，抽出时间去跟下属谈话。

当领导者不知道是否应该优先完成自己的具体工作时，可以根据工作的紧急度、重要度来进行判断。所谓紧急度，就是是否现在不做某件事就不行。所谓重要度，就是是否现在不做某件事就会造成无法挽回的后果。当领导者的具体工作的紧急度、重要度较高时，如果领导者停下手头的具体工作会造成比较严重的后果，那么应该优先完成手头的工作再去处理下属的问题。

除此之外的情况，领导者都应当优先处理下属的问题。

⊙ 领导者总去管下属的事情，就没有自己的时间了

前面讲到的领导者应该优先处理下属的问题，然后再完成自己的具体工作。可是这样一来，领导者就没有时间做自己的具体工作了。

最终，我们得出的结论就是：领导者应当把自己的具体工作交给下属。领导者如果不把自己的具体工作交给下属去做，就会变得非常忙碌。领导者应该重新审视一下自己要做的工作，看一看是否有一些工作并非一定需要自己来完成。比如，领导者需要帮助职场新人开展工作。如果领导者给公司引入导师机制，那么一些下属就能作为前辈来帮助职场新人解决一些问题。开会时，领导者最好不要亲自主持，这种事交给下属去做，这样可以提高下属的工作热情。

在此，我再强调一次，前面讲了领导者应该为了下属放

下自己手头的具体工作。但是，领导者也不能因此让自己只能通过加班至深夜来完成工作，而是应该尽可能地把工作交出去。领导者要相信下属，大胆地让他们来承担重任。

领导者应该优先处理下属在工作中遇到的问题。

02 曾是“优秀下属”的领导者会遇到的陷阱

曾是“优秀下属”的领导者，容易陷入一种认知误区，认为下属努力工作、不断成长是理所当然的事情。但是，有这种想法的领导者很难胜任领导工作。有的下属会认为不成长、不进步也无所谓，即使领导者无法理解下属的这种想法，也要能够接受。这是领导者应有的素养。

⊙ 难道下属不想成长吗

做下属时越是工作出色的人，在成为领导者后，越需要注意一些事情。**工作一贯努力的人，对工作态度的要求会比普通人高。**

过去的我也有这个问题，也因此遇到很多麻烦。我的销售能力还不错，所以一直觉得“成为一个顶级的销售员”是理所当然的事情。“只要有销售能力，那到哪里都是好的销售员”“为了能成为顶级销售员，最好去读一点商务类的书籍”“要想做到最好，光凭努力是不行的，掌握正确的方法非常关键”，这些话都是我过去经常说的。

在我被派往一个部门担任领导的时候，发生了这样一件事。

一名下属对我这么说：“我不需要成长、进步。我只想尽到我的工作职责就可以了。”

听了这话，我立即懵住了：“哎，别说这种丧气话。”

因为我是从消极的角度来理解下属的话，所以就回了这么一句。对于下属不同的见解马上就提出批评，这是只有一个评价标准的领导者通常会做的事情。

⊙ 领导者应该理解不同的价值观

首先，领导者在发表自己的意见之前，应了解下属的价值观。虽然这是理应做的事情，但是从事具体工作的领导者很容易忽视这一点。我应该先问一问对方，了解一下对方是怎么想的。

即使领导者不理解下属的想法，也要接受他们的想法。

上文中提到了我的那个“不想成长的下属”，我与他仔细聊过之后，才明白其不想成长和进步的原因。他最早入职的一个公司是所谓的“黑心企业”，完全无视客户的需要，只想着怎么把自己的产品卖给客户。他说和他一起入职那家公司的人几乎都辞职了。但是，他并没有辞职，而是决心坚持做下去。最终，他找到的一个方法，就是“不再用心去工作，只尽到职责就好”。对他的这个想法，我无法赞同，也不欣赏。但是，我可以接受这个想法。除了接受我也别无他法。

一个人的价值观很难改变。重要的是了解其价值观形成的背景。

这个时候，作为领导者，我能做的事情有两件。第一件就是积极地把工作交给我的那位下属去做，让他做出相应的成绩。但是有一个问题。当他也成为领导者的时候，他的这种想法就会让他无法胜任领导者的工作。所以，我能做的另一件事就是，多和他谈话，让他逐渐明白看待事物还有其他的视角。

总结一下。领导者不要否定下属的价值观，不管是什么样的价值观，先接受。这是做好领导工作的基础。越是有具体工作经验的领导者越是要注意这一点。

领导者不要否定下属的价值观，一切从接受开始。

03 领导者在夜间及休息日不要打扰下属

现在，领导者立刻就想把这件事情告诉下属，可能一会儿就忘了，而且明天还有其他工作要做，所以趁现在还是夜里，赶快给下属发一封邮件。许多领导者可能都会这么做，但其实这样做是不行的。领导者一定要有为下属着想的意识，要明白休息时间联系下属会给下属带来压力。

⊙ 现在人们的认知已经不同于从前

过去，领导者在夜间或休息日联系下属是非常普遍的现象。但是，现在完全不一样了。领导者的这种举动被视为严重的错误行为，并遭到人事部门的反对。

领导者把工作交给下属后，即使为下属感到担心，也不能在夜间或休息日联系下属。这也是因为与过去相比，人们的认知已经发生了很大的变化。

一方面是从合规的角度来说，法定工作时间之外的劳动不符合公司的规定。另一方面从风险管理的角度来说，下属会因此承受不必要的压力。如果下属情绪崩溃或者辞职，那就得不偿失了。

也许有人会觉得领导者这样太谨小慎微了，但其实不然。当下的工作规则变得更加严格了。如果领导者觉得在夜间或休息日联系下属的行为还没有那么严重，那其实这个想法已经很危险了。即使领导者在休息时间联系下属的这种行为确实没那么严重，也很可能会对职场新人的辞职率产生影响。因为，人们只要去职业介绍机构，就能找到很多条件非常不错的工作。

⊙ 优秀的领导者更尊重下属的价值观

领导者仅凭努力去改变下属的认知是非常困难的事情。

领导者可以试着这样来思考问题：如果把工作交给一个在国外或者不同文化环境中成长起来的下属会怎样？因为人们的认知本就不同，所以下属和自己的想法不一样是理所当然的，这样想可以帮助领导者对自己的想法进行重置。

我也曾有来自外国的下属，不管公司有多忙，这个下属都会准时在六点钟下班。还有一个入职大型企业的西班牙朋友（职场新人）对我说他完全不能理解很多人为什么不休带薪假。在我一位朋友的公司里工作的美籍女员工说："对于公司同事聚餐不能带家人参加这件事，我感到困惑。”

领导者为了能够放手把工作交给下属去做，应该牢记这点：人们的认知是不一样的。

⊙ 如果领导者需要在夜间或休息日联系下属时该怎么办

领导者要意识到，夜间或休息日给下属发邮件会给下属带来压力。另外，下属也需要在夜间及休息日好好放松身心。

如果领导者无论如何都要在夜间或休息日发出邮件，那可以设定定时发送，让邮件第二天早上送达对方。

我总结一下。即使领导者已经放手把工作交给下属，也不要随意在夜间及休息日给下属发送信息，否则就可能给下属增加压力，导致下属辞职或者精神崩溃，还可能让下属丧失对领导者的信任，觉得“在这个领导者手下干不下去”。

树立“在夜间及休息日不要打扰下属”这种意识是成为善于放手的领导者的前提条件。

领导者为了能放手把工作交给下属，应该更加重视如何关怀下属。

04 领导者要知道“信任”与“信赖”的区别

当下属在工作中取得成绩时，每个领导者都会表扬下属。但是，领导者只靠表扬还无法完全抓住下属的心。下属希望遇见的是当自己遭遇失败时也能接受自己的领导者。

⊙“信任”与“信赖”完全不同

领导者要求做一步，下属就能做到五步、做到十步。领导者们是不是都幻想过有这样的下属？

其实这并非不可能。领导者可以试着从下属的角度思考一下：为了这个领导，自己做什么都在所不辞。这就是所谓的值得尊敬的领导者。2018年，En-Japan的问卷调查结果显示，大约有70%的人曾经遇到过值得尊敬的领导者，所以我们上面提到的那种下属也完全有可能存在。也就是说，只要成为下属们期待的那种领导者就可以拥有上述幻想中的那种下属。

我们先了解一下“让下属信任的领导者”与“让下属信

赖的领导者”所具有的特点。

【让下属信任的领导者所具有的特点】

这类领导者说过的话一定会付诸行动。下属有不懂的事情，领导者会实实在在地给下属讲解、指导。这类领导者给人的感觉是非常**实在、踏实**。

【让下属信赖的领导者所具有的特点】

这类领导者会让下属认为，无论发生什么事情，领导者都会成为自己的支持者。即使下属出现失误、工作没有做好，这类领导者仍然不会对下属失去信心。

这类领导者会对下属**给予肯定、给予重视**。

⊙ 领导者如何让下属信赖自己

En-Japan问卷调查中，有一项问题是：什么样的领导者让你觉得值得尊敬？从受访者中我们能读出很多信息。职场新人与工作经验丰富者中，选择“人品值得信赖”这一项的人数是最多的，其中高达60%的人选择了这一项。看来，大家最重视的并不是领导者能力的强弱。

我对受访者的选项进行了一下总结，大致可归纳为以下五点：

- 当下属犯错的时候，领导者能立即给予帮助。
- 领导者训斥下属之后，会安慰下属。
- 领导者经常表扬下属。当领导者对下属表示认可时，下属就更想做出成绩。
- 领导者告诉下属，领导拿很高的薪水就是因为在工作中要代替下属为所犯的错误道歉。鼓励下属不要怕犯错，不要让领导者白拿薪水。
- 领导者要敢于站出来保护下属，并且要提携下属，让下属在工作中发挥自己的长处。

从上文可以看出，**下属在工作中犯错时，仍然会竭力保护、帮助下属的领导者**，就是下属心目中值得尊敬的领导者。

说到这里，我又想起了一件往事。那时候我还是一个普通的员工，有一次没能完成销售目标，并且离目标只差了一点儿。我整个人都因此颓废了。就在这个时候，我接到了领导打来的电话。

领导问我："我去吃荞麦面，你去不去?"

我以为肯定是要挨批，但是我们两个人吃荞麦面时，领导跟我讲了这样一番话："你已经很努力了。虽说有点儿可惜，就权当是一次学习吧。**保持现在的这个劲头儿，继续努力。**"听到这些话，我当时就想：为了我的这个领导，今后我要更加努力。

如果下属最近业绩不佳、工作热情不高、过于沉寂、被同时入职的同事甩到身后等，建议领导者主动跟他们聊一聊。**得到领导者的认可，可以帮助下属提升工作业绩，而且提升的幅度远远超出领导者的想象。**

得到领导认可的下属一定会为了领导而加倍努力工作。

领导者尤其需要关心在工作中出错的下属及失去了工作热情的下属，要主动倾听他们的心声。

05 领导者应该知道的表扬技巧

领导者只会对下属说“干得不错”“祝贺”“谢谢”，这不能算善于表扬下属。

领导者能够通过表扬来提高下属的工作热情，这样才算是真正善于表扬的领导者。

领导者首先要搞清楚应该怎么表扬下属。

⊙ 表扬方式很重要

在我的培训课程上，我曾向学员们提出这个问题：“最近一个星期，你有没有表扬过你的下属？”

我的学员中有90%的人回答：“表扬过。”我问他们：“你们表扬下属什么了？”他们给我的答案包括“协助我完成了工作”“完成了我交给他的任务”“实现了工作目标”。

也就是说，领导者们基本上都针对下属的工作成果或者下属为工作付出的努力来进行表扬。可实际上，领导者的这种表扬方式对提高下属的工作积极性没有太大作用。**要想提高下**

属的工作积极性，领导者需要针对下属的能力及内心层面进行表扬。

有一项调查[①]研究不同的表扬方式会对孩子的积极性产生什么样的影响。

在该调查中，以两种不同方式对在游戏中把弹球分享给他人的小朋友进行表扬，最终看一看哪一种表扬方式会让小朋友把更多的弹球分享给别人。

第一种表扬方式："你愿意把好东西**分享**给别人，这个做法真的很了不起。"

这种表扬方式被称为**"外在归属"**，针对人做的事情及结果来进行表扬。

第二种表扬方式："你把好东西分享给别人了。你这种关怀他人的精神，真的很了不起。"

这种表扬方式被称为**"自我归属"**，针对人的能力及内心层面来进行表扬。

结果是第二种表扬方式会让小朋友愿意把更多的弹球分享给别人，并且直到两周后这种表扬的效果仍然存在。

---

① Grusec, Kuczynski, Simutis, Rushton, 1978.

⊙ 了解并善用表扬技巧是领导者的必修课

因为在职场当中，领导者对下属的业绩有严格的要求，所以很少有机会能够满足下属内心层面的需求。因此，在对业绩有严格要求的职场中，领导者针对下属的内心层面进行表扬才会更有效果。

领导者要用“自我归属”的方式来对下属进行表扬。举例如下。

- 感谢你协助我完成工作。你总是**这么好**。有了你，我工作起来轻松多了。
- 你帮他完成了他要求你做的那个工作。你这么**关心别人**，我很欣慰啊。
- 祝贺你完成目标。**你真的是我的好帮手**。谢谢。

怎么样？如果领导者以这样的方式表扬你，你是不是会想更加努力工作？

有一项调查的内容是关于不同性别、不同年龄段的人经常使用什么样的表扬用语以及对什么样的表扬用语更有好感。①

---

① 林宇萍，林伸一.“表扬”的使用频率与“被表扬”的好感度（2）：十多岁至二十多岁的同性、异性间的差异（2005年）；“表扬”的使用频率与“被表扬”的好感度（4）：五十多岁至六十多岁的同性、异性间的差异及与其他年龄段的比较（2008年）。

不同组别最受欢迎的五类表扬用语列举如下：

十多岁至二十多岁的男性：体贴、乐观、有趣、容易交流、有活力。

十多岁至二十多岁的女性：体贴、乐观、有趣、容易交流、可爱。

五十多岁至六十多岁的男性：体贴、乐观、关怀他人、有活力、可以依靠。

五十多岁至六十多岁的女性：体贴、乐观、关怀他人、有活力、可以依靠。

作为领导者，当你找不到合适的表扬用语时，可以以此作为参考。

了解并善用表扬人的技巧是有能力的领导者的必修课。在这些技巧之中，领导者尤其需要记住在针对**下属的工作成果及其付出的努力进行表扬之外，还要针对下属的能力及其内心层面进行表扬**。这样的表扬方式才能让下属觉得自己得到了领导者的认可，今后会更加努力工作。

领导者在表扬下属的时候，不要只表扬下属的工作成果及其付出的努力，还要对下属的能力及其内心层面进行表扬。

06 优秀的领导者要从社会或客户的角度出发思考问题

三流的领导者只会下达工作指示，对下属的工作完成情况进行确认，以及讨好周围的人；二流的领导者比较关注公司的利益，喜欢说“一定要完成目标”“一定要争当市场占有率排名第一的公司”等类似的话。那么，一流的领导者关注什么呢?

⊙ 跨国型领导者讲述的道理

我们为什么要每天不辞辛苦地挤地铁，累得死去活来也要去上班呢? 有人回答:“为了生活。”这当然没错。但是，这就相当于说我们是在被迫做自己讨厌的事情。

无论做什么工作，大家都希望能找到工作的意义。

帮助下属从全新的角度发现工作的意义是领导者应该具备的一项重要能力，这个能力可以激发下属的工作热情，让下属愿意跟随该领导者工作。

我来介绍一下我在某个大企业里见到的场景。当时我作为培训讲师给这家公司的年轻员工讲课。

该公司有一名来日本出差的跨国型领导者突然来到培训班的课堂。这类跨国型领导特意出席培训的情况非常少见。所以，培训班的学员和我都有些吃惊。

这位领导说是有话一定要跟学员们讲。他站在教室前面，放慢语速，用简单易懂的英语说了下面这些话："领导者需要做的不是强迫下属去努力工作。领导者需要思考的是下属**应该做什么工作以及一定要做的原因，**并且将这些传达给下属，这才是领导者需要做的。下属着手工作以后，不能盲目地去卖力工作，而是要多思考后再去工作。"

这名跨国型领导者特意出席培训，就是为了把这些话讲给学员们听。那么，你觉得这名领导究竟为什么要讲这些话呢？

⊙ 领导者要永远从社会或客户的角度出发思考问题

其实，上面提到的跨国型领导者说的那些都是一名领导者的基本工作。很多领导者却完全不告诉下属应该做什么工作以及一定要做这项工作的原因，只知道单方面地要求下属去努力工作。

领导者应该对下属讲的不是"争创公司业绩第一""要努

力完成目标”这些话。领导者需要讲的是从社会或客户的角度出发，下属应该做什么。

即使下属做的是**固定的工作，他们也希望从工作中发现新的意义，看到工作的价值。**

我再介绍一个案例。这个案例也发生在我担任讲师的培训班上。一名供职于人才服务公司的二十多岁的女性领导者对我这么说：“我的学历是高中，所以过去找工作时会遇到很多困难。但是，有很多有能力的人并不一定有很高的学历。我很想帮助那些因学历或其他原因而缺少合适就业机会的人找到工作。例如，在著名的赛博代理（Cyber Agent）公司，很多担任重要职务的员工都只是初中毕业，我认为我们需要的是像赛博代理公司这样的就业环境。如果没有我们这种人才服务公司的帮助，学历较低的人很难找到合适的就业机会。所以，从这个意义上讲，我们这种人才服务公司也是机会创造者。”

怎么样？这位女性领导者是不是从客户的视角讲述了她的真实想法？从社会或客户的角度出发思考问题，下属也能找到工作的意义。**能让下属发现工作的意义的领导者，对下属来说相当于贵人。下属会觉得遇到这样的领导者真是自己的福气。**

领导者要帮助下属从社会或客户的角度出发思考问题。

07 领导者要寻找工作使命

优秀的领导者必须要有自己的使命。但是，使命并不是说有就能有的，需要通过思考来寻找。这个过程就像是化茧成蝶。

⊙ 学会从客户的角度思考问题，并找到工作使命

领导者要学会从客户的视角深入思考问题，以此来寻找自己的使命。那么，有两种方法可以采用。下面介绍一下我在培训课程中教授的方法，这些方法可以帮助95%的人学会从客户的视角思考问题。

第一种方法是依靠自己的经验来思考客户的意见，这种方法被称为经验法。

另一种方法是寻找或想象客户的意见（不安、不便、不满），我们称之为**意见法**。

接下来我们详细讲解这两种方法。

⊙ 什么是经验法

上一节中介绍的高中学历的女性领导者采用的方法其实就是经验法。这种方法主要依据个人的经验来进行思考。经验法也分为两种。

悲伤法

很多人都有不堪回首的或者悲伤的回忆，不希望其他人再有同样的经历，从而找到了自己的使命。

反省法

人们因某个事情而**注意到一个工作的不可替代性**，对自己进行深刻的反省，告诫自己一定要全身心投入工作。

上述提到的高中毕业的女性领导者使用的方法属于悲伤法。她让自己面对过去的痛苦经历，这需要很大的勇气，但可以非常有效地抓住某类客户的内心需求，并找到自己的使命。

反省法是人们看到父母、朋友或者其他人对平凡的工作充满使命感的状态，从而意识到工作的本质。这种方法很打动人。

⊙ 什么是意见法

如果经验法不能解决问题，那么可以试一试意见法。这种方法通过寻找或想象客户的意见（不安、不便、不满）来解决问题。

寻找客户意见的方法

通过走上街头以及采访等方法来寻找客户的意见。

例如，茑屋公司（TSUTAYA）创始人增田宗昭先生也曾采用过这个方法。增田宗昭先生打破传统，开创了一个又一个商业项目。但是，他凭借的绝不是所谓的灵光一现，他走街串巷，不断思考“人如何才能感到幸福”，他还强调工作中的想法一般蕴含着自己的思考。

发现客户意见的方法

通过观察客户使用产品的真实状态来思考问题。

我的培训班上有一名负责开发银行自动柜员机系统的程序员就在工作中运用了这种方法。他想起有一次使用自动柜员机的客户是一个老妇人。由于自动柜员机的操作过于复杂，这位老妇人无法使用而导致很多客户排队等候。这个程序员想起了老妇人感到愧疚并低头离开的场景。这件事成为一个契机，让程序员下定决心要开发出能让任何人都可以操作的简单的自动柜员机系统。

好了，你打算用哪种方法来找到自己的使命呢？这些方法的共同之处是都非空想，都是根据真实的经历来思考问题。

如果领导者能把工作的使命告诉下属，那么即便是单调的工作，也能帮助下属从中找到工作的意义。

领导者要思考自己的使命，并帮助下属寻找使命。

08 领导者要向下属传授让工作变得有趣的方法

如果下属觉得工作非常单调、无趣，那就不可能真正努力工作。但是，几乎所有的工作都是单调的。那么，我们在这里就有必要讲解一下可让工作变得有趣的方法。

⊙ 重要的不是有趣，而是使其变得有趣

领导者要想下属以“工作本来就是有趣的”为前提来思考工作中的问题，这恐怕是不太现实的。领导者要做的不是告诉下属“工作本来就是有趣的”，而是应该向下属传授能让工作变得有趣的方法。

销售活动中的电话预约工作可能就属于相对无趣的工作，销售人员一天要拨打几十个电话；处理账单的工作也是这样，财务人员总是有处理不完的账单；写代码的工作也一样，程序员每天都在录入代码。

这些固定模式的工作今后也许会被人工智能（Artificial

Intelligence，简称AI）取代。到那时，人类从事的工作就会发生变化。但是，**不变的是能让工作变得有趣的能力**。这种能力在急剧变化的时代则尤为重要。

那么，领导者应该如何向下属传授让工作变得有趣的方法呢？我有个很值得推荐的方法。那就是领导者把自己的工作理念告诉下属。这个程序是不能省略的。领导者把自己的工作理念告诉下属，也有助于向下属传授能让工作变得有趣的方法。首先，请下属把下面的空白处填好。

工作理念

对完成工作来说，重要的是：________________

我介绍一些行业翘楚的工作理念作为参考。NHK的纪录片《行家本色》中，各行各业的翘楚讲述了自己的工作理念。

- 否定“理所当然”（信息技术工程师及川卓也）。
- 创造辉煌的成绩（职业棒球选手铃木一朗）。
- 有“100-1=0”的意识（酒店厨师长田中健一）。

领导者把自己的工作理念传授给下属，下属对工作的想法也会发生变化。

⊙ 干净的羽田机场

日本羽田机场多次被评为世界上最干净的机场[①]。为此做出重要贡献的人就是在机场负责打扫卫生的新津春子。

举一个例子，当时机场厕所的地面有污渍，去掉顽固的污渍是很难的。但是，新津女士没有放弃，她是怎么做的呢？她准备了去污渍的专用药剂及工具，并思考如何才能把污渍去掉。在她的反复努力下，污渍终于被去除，地面恢复了洁净。她做的事情不止这一件。对经过身旁的旅客，她也大声问好。她为什么那么努力工作呢？这与新津女士的工作理念有关。新津女士说："我把机场当作自己的家来对待，所以有最积极的工作态度。"

据说，新津女士有如此积极的工作态度是因为领导者的一句话："你有打扫卫生的技术，但是没有用心来工作。"从那以后，新津女士改变了对工作的想法。

现在，新津女士已经成为一名领导者并不断把自己的工作理念传授给下属。在她的带领下，整个团队的工作理念都发生了变化，日本羽田机场由此成为世界上非常干净的机场。

在工作中，我们对数据的核实、对工作完成情况的确认

---

① 英国斯凯特拉克斯（Skytrax）公司评选。

都是很重要的。但是，更重要的是要掌握让工作变得有趣的方法。

领导者要向下属传授让工作变得有趣的方法。

09 领导者如何成为有魅力的人

对于一名领导者来说，魅力是必需的。迂腐、守旧的领导者是不行的。领导者除了要注意穿着打扮，还要努力给下属带来新气息。这不需要什么高超的技术，关键要看领导者是不是能将这些事情变成自己的习惯。

⊙ 为人不错，但无法带来新气息的领导者

“对于工薪族来说，最大的风险来源于自己的领导。如果领导不行的话，一个人的职场生活就已经毁了一半。”①

说这话的是藤原和博，他是首位以民间人士身份出任日本东京都公立中学校长的人。我认为他讲得很对。

根据我的经验，在循规蹈矩的领导者手下工作的下属是无法成长的。这里所说的循规蹈矩的领导者是指那些只愿意依靠自己过去的经验与成绩，而不想提升自己的能力及魅力的

① 选自文化放送「The News Masters TOKYO Podcast」より。

领导者。

在循规蹈矩的领导者手下工作的下属可能会说：“领导这个人是不错，但就是我从他身上学不到什么东西，可能我该换个工作了。”这会让那些毕业于名校、有进取心的优秀下属纷纷辞职。**只有那些永远充满好奇心并愿意不断学习的领导者，才能给下属带来新气息。**

人往往很难意识到自己是否循规蹈矩。别人指出自己存在这个问题的可能性也不大。所以，领导者们可以试着自查一下，如果自身符合以下的选项不超过两个，那就需要引起注意了。

□ 领导者阅读新闻，有时会把读到的内容讲给下属听。

□ 领导者阅读行业杂志，收集对工作有帮助的行业知识，并把最新的案例讲给下属听。

□ 领导者每个月阅读一两本有关商务方面的书籍，有时间的时候把书中的内容讲给下属听。

□ 当公司内部有成功案例时，领导者亲自去了解情况，然后将有用的信息传达给下属。

□ 领导者从公司外部打听有用的信息并传达给下属。

怎么样？对于一名需要管理下属的领导者来说，最低限度也需要保持这个学习强度。如果领导者在上述选项中一个符合的选项都没有，那可能该领导者的下属无法从他的身上感受到新气息。

⊙“社交迷”型的领导者更受欢迎

现在，一种被称为工作 - 家庭增益（Work-Family Enrichment）的思维方式广受关注。

兼顾工作与家庭是指让工作与私人生活保持平衡。而工作-家庭增益意味着丰富多彩的私人生活可以对工作产生好的影响，同时充实的工作也可以对私人生活产生好的影响。

很多领导者都不会在工作单位提及自己的私人生活，但是在当今的时代，这种做法是不应该被提倡的。对人与组织的关系进行深入研究的瑞可利管理咨询公司给出了这样的结论：注重享受生活、喜欢参加各种工作之外的社交活动的领导者，会对公司以及社会产生好的影响，而且更容易被同事信赖。这样的领导者被称为“社交迷”。

2017年，瑞可利管理咨询公司的“‘社交迷’情况调查”结果非常有趣：**领导者在工作之外的社交活动越丰富，则在年轻下属的眼里就越具魅力。在二十多岁的受访者中，有大约40%的人认为社交活动丰富的领导者是有魅力的。而且，还有超过60%的下属希望领导者能把在社交活动中学到的东西分享给大家。**

家庭事务、个人爱好、志愿者活动、学习等，领导者在私人生活中有很多事情可做，虽然没有必要样样精通，但有必要让自己的私人生活过得尽可能更丰富一些。

例如，一个和我关系很好的领导者有几百名下属，尽管他的工作非常繁忙，但是他每年仍然要出国旅游多次。他的目的是通过了解外国人的价值观，让自己的见识得到提升。

领导者肯定都有自己的兴趣爱好，和下属讲一讲这些兴趣爱好就会产生不错的效果。领导者不要想得过于复杂，首先要把自己的私人生活向下属适度公开，这样就能让下属知道自己是一个“社交迷”。而诸如“我忙得没时间读书”“家里没有我的位置”“假期里总是无所事事”之类的话，领导者一定不要对下属讲。

领导者要让自己成为一个充满好奇心、生活丰富多彩的人。

10 领导者要能点燃下属的“希望”

当今的日本社会，即使人们的收入不是很高，维持正常的生活也不会有什么困难。很多年轻人都认为只要按部就班地完成工作就可以了。那么，如何才能点燃这些年轻人心中的火焰？领导者需要了解一些关键点。

⊙“有希望的职场”与“没希望的职场”的根本区别

你知道有一门学科叫“希望学”吗？

日本东京大学社会科学研究所就在致力于这个学科的研究，试图搞清楚能够让人心存希望的因素。他们取得了如下的研究成果[①]：

二十多岁、三十多岁的年轻人，对自己将来的生活及工作抱有希望的比例在逐渐下降；同时，他们对现在的生活感到满意的比例维持在较高的水平。所以，总体来说，年轻人中感

① 玄田由史. 回顾十年来的希望学[J]. 学际，2016（1）.

觉生活不幸福的人所占比例在增加。

实际上，我的培训班全部学员中，只有两三成的人对将来的生活及工作抱有希望，可能你会认为这个比例不高，但是不同的公司，这个比例的差别很大。某家银行20名员工中对工作抱有希望的员工所占比例为0，可以说这样的职场就是一个完全没有希望的职场。而某家信息技术企业则有80%的人对工作抱有希望，这样的职场当然就属于充满希望的职场。

那么，这种差别是因何而生的呢？通过访谈，我们发现了一个原因，那就是由于领导者与下属的相处方式不同，也就是**要看领导者是否关心下属的未来。**具体来说，**就是领导者与下属是否有聊过“将来的梦想”“想做的事情”“想成为什么样的人”。**

在关心下属未来的领导者手下工作的人，能把自己的梦想带入现实的工作中，从而提高自己的工作热情。例如，受理投诉的工作绝不是充满乐趣的工作。但是，在我的访谈中，做受理投诉工作的底层员工这样跟我说：“将来我也想成为一名领导者，到那个时候，现在吃的这些苦都会发挥作用。将来我也想创业，如果这点儿事情都受不了，那就不可能成为一个优秀的领导者。”

前面提到的“希望学”也有同样的道理。领导者能否让下属抱有希望，取决于在日常的工作经历中是否能让下属获得有益的刺激。领导者与下属畅谈未来就属于这种有益的刺激。

⊙ 领导者如何提高员工积极性

我的客户中有一家公司，在Link and Motivation Inc.[①]的“员工工作积极性调查”中，该公司员工的工作积极性偏差值达到了非常高的水平，偏差值约为80。

这家公司保持着收益率快速增长的态势，现在很受毕业生们青睐。在这家公司，每周都要举行一次面谈会，面谈的内容不限于工作，重要的是“大家坐到一块儿谈话”。我与这家公司的员工聊天时，有些事情曾让我感到十分惊讶。这家公司里有很多网络工程师，他们的工作基本上属于专业工种。即便是这样，**仍然有60%~70%的网络工程师表示想成为部门领导**，询问他们原因，他们说是在面谈会中发现了自己还想尝试各种不同的工作。

该公司一次面谈会的主题是“你想尝试做什么”。对找不到工作目标的下属，领导者还会通过提问题的方式来诱导他们思考。有的下属会表示：“再说得明确点儿，我就是想提高收

① Link and motivation Inc.，是全球第一家专注于“动机”的管理咨询公司。——译者注

入。”领导者对这样的下属不要不停地追问，应该以更加柔和的方式来了解下属的想法。这样的话，下属可能就会意识到收入其实是次要的，自己真正想做的是开发出能够给全社会带来便利的网络产品。

很多领导者都为自己的下属对未来不抱有希望这件事而感到唏嘘。其实这些领导者是错误的。“领导者没有给下属畅谈未来的机会”才是问题的关键。

当然，“让下属对未来充满希望”可能不是领导者立即就能做到的事情，不过重要的是能够反复尝试。领导者反复尝试的过程可以为下属提供思考未来的机会。

当下属找到对未来的希望时，他们的目光会为之一变。十年之后，下属一定会认为自己是在领导者的帮助下才有了现在的成就。

希望是需要“被发现”的。领导者应该开展“畅谈未来的面谈会”，并让这种面谈会成为公司的例行程序。

11 领导者应彻底消除下属的罪恶感

这个工作真的可以为社会做出贡献吗？这个做法没有问题吗？下属很容易陷入这种困惑。领导者只凭说教是无法消除下属心中的困惑的。当下属实际体会到何为“工作正确的目的”“正确的做法”这两个重要的因素时，他们才会全身心地投入工作。

⊙ 何为“工作正确的目的”

这个工作真的能为社会做出贡献吗？当下属陷入这种困惑时，就很难全身心地投入工作。有的年轻员工甚至还会对提高工作业绩产生抵触情绪。

领导者面对这种情况，首先要做的就是让下属从困惑中摆脱出来。

假设你是消费信贷广告代理公司销售部的负责人，你的任务是通过电视、报纸、网络等渠道来宣传该公司的消费信贷业务。此时，一名下属这样对你说：“我总觉得让更多的客户办理消费信贷，就是在让更多的人遭受不幸。”面对这种情况，你会如何回答？如果强行说服下属认同你的观点，那么下属可能会觉得他与你不是一路人。

首先，你要让下属意识到**“不应该只从自己的角度出发思考问题，而是应该从客户的角度出发”**。你应该向下属讲述，如果没有消费信贷，会对哪些人产生不利的影响？另外，这些人住在什么地方？吃什么样的食物？过着什么样的生活？这些人是如何得益于消费信贷的？你还应该通过实际的案例给下属讲述其中的道理。

这类案例不限于消费信贷。游戏研发、酿酒、香烟制造、服装、餐饮、银行、证券等，如果你仔细观察的话，几乎所有行业都存在容易让年轻人产生误解的地方。正因为如此，身为领导者的你才有必要通过讲述事实来帮助下属理解问题、消除困惑。

⊙ 采用“正确的做法”

领导者采用“正确的做法”十分重要。如果领导者采用了那些违反道德的做法，下属是没有办法认真工作的。下面，我介绍一个典型案例。

假设你是一家公司销售部的负责人，这家公司的业务是代理销售大型移动通信运营商的网络应用服务。销售的产品绝对是大公司的优质产品。但是，销售话术指导手册上却这样写着：已经征得了公寓物业管理公司的同意，才在这里向各位住户介绍我们的产品。而实际上这家公司根本没有征得物业管理公司的同意。你作为该公司的销售部负责人，会怎么做？

答案其实很简单。你要**放弃上述这种错误的做法，采用正确的做法。**不然的话，你的下属是无法真心投入工作的。下属的家人、朋友也会劝员工赶快从这种公司辞职。

错误的做法不限于上述案例。员工通过自费购买自己公司产品的方式来完成业绩目标，以及强行让客户购买等行为都是典型的错误做法。如果你的公司已经成为充满着错误做法的公司，我有一个建议：**你可以尝试从你自己的部门开始改变这种状况。**

我自己就有这样的经验，那是很久以前的一段经历，我刚刚担任一个部门的领导，一些老员工还保持着人情销售的习惯。这种销售方法就是员工跟客户讲："现在我的业绩距离完成目标还差那么一点点。"然后，他们央求客户购买产品。这样会让员工产生没有必要的人情债，也可能导致员工与客户勾结做出有损公司利益的事情。所以，我断定人情销售是一种非常危险的销售方法，并责令停止采用。之后，我在借鉴以往经验的基础之上，开始思考有别于人情销售的正确做法。

直到现在我都坚信，一个组织如果偏离了正确做法，就不可能使自己强大起来。

领导者要用自己的语言传达工作的正确目的，努力成为一个采取正确做法的人。

第4章

领导者如何引导下属主动工作

01 领导者应该不断激发下属的工作热情

如果一个登山家因登上了喜马拉雅山而被称赞了不起，他可能对此不会有什么高兴的感觉。

参加高考的考生被人称赞学习努力，他们可能也不会为此感到高兴。

如果一个人想要实现一个目标，而且认为凭借自己的力量可以实现这个目标，此时他就会有意愿去尝试一下了。

工作热情=欲求（想要做的事情）×能力（凭借自己的力量可能实现的目标）。

如何提高下属的工作积极性

工作积极性研究方面的泰斗、日本京都大学名誉教授田尾雅夫指出，领导者要提高下属的工作积极性，需要从**诱因与动因这两个因素来入手**。

所谓诱因是指人们对报酬、升职等自身以外的事物的欲求，所谓动因是指人们对自身内在方面的欲求，其也可以被称为价值观。在价值观（动因）趋于多元化的今天，领导者需要根据每个下属自身的特点找到与之相匹配的诱因。在过去，领导者只靠涨工资与晋升这两种手段就可以提高员工的工作积极性，但现在已经不行了。

如果把问题简单化，实际上所有诱因都能被归结为一个因素。我从事过21年的招聘工作，在工作期间，我一直在思考一个问题：有这样一类公司，虽然员工的薪资待遇并不高，但是优秀的年轻人对这类公司还是趋之若鹜，而且这类公司也不一定是著名企业，有很多是创业公司及地区性公司，为什么？当然，年轻人选择这类公司的原因可能有很多，例如工作的心理舒适度高、公司文化好、工作本身有魅力等，**如果要将这些原因总结为一个因素的话，那就是这类公司可以让员工获得成长机会**。

实际上，哈佛商学院的竹内弘高教授在世界经营者大会的专题讨论上讲了同样的话。他说："优秀的年轻人把获得成长机会看作是比薪酬更为重要的工作回报。"可以说获得成长机会是一种在国际上得到认可的工作回报。

为了提高员工的工作积极性，领导者往往只把关注的重点放在表扬的方式、讲话的方式上，但实际上，领导者首先应该做到的是为下属提供成长的机会。

⊙ “Will-Can-Must”法则

你是否了解“Will-Can-Must”激励法则？

这个法则是指当“Will”“Can”“Must”这三个因素叠加在一起时，就能让员工发挥出最大的工作积极性，如图4-1所示。

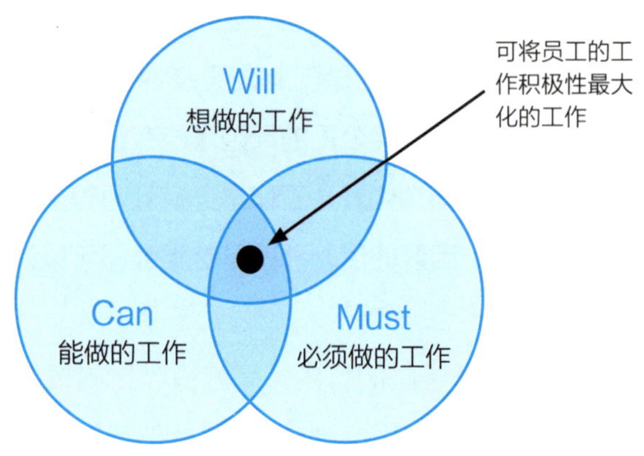

图4-1 “Will-Can-Must”法则

Will是指自己想做的工作（欲求）。

Can是指自己能做的工作（能力）。

Must是指自己必须做的工作，即自己从事的工作（业务）。

假设你是以开发新客户为工作目标的营销人员，目标为“一个月获得五个新客户”，这属于“Must”。你的目标是将来创业，这属于“Will”。你有“只要努力就能成功”的能力，这属于“Can”。

这三个因素叠加之后，你心中的想法就确定了：你的营销目标是一个月获得五个新客户，营销工作对自己将来创业有帮助。如果努力的话，一个月应该能获得五个新客户。心中的想法确定了，你自然会对工作充满热情。

实际上，有些公司以其员工的工作积极性高而著称，这些公司的领导者是这样说的。

> 激发员工工作热情的最佳工具就是“Will-Can-Must”法则。领导者每半年会举行一次职业面谈，就“想做的工作”“能做的工作”“必须做的工作”这三个方面与员工进行交流。①
>
> [瑞可利集团（Recruit Holdings）峰岸真澄社长]

①《日经MJ》，2014年3月24日。

> 领导者应该不断了解与员工工作积极性有关的信息并与大家进行讨论。如果员工正在做的工作就是“想做的工作”“能做的工作”“必须做的工作”，那么，该员工的工作积极性就是最高的。[①]

最后我们来讲一讲“Will-Can-Must”法则的由来。该法则的由来有多种说法，其中一个说法是该法则源自心理学家埃德加·沙因所说的三个问题。他主张“在寻找适合自己的职业时，要针对以下三个问题进行自我反省”。

- **自己究竟擅长什么？（Can）**
- **自己究竟想做什么？（Will）**
- **做什么能让自己感到有意义、有价值？（Must）**

这说明了该法则已经被学术界认可。既然如此，我们就没有理由不运用“Will-Can-Must”法则。

接下来，我们就介绍一下如何运用“Will-Can-Must”法则。

①《只想着团队的得失》，青野庆久，大宝石社。

领导者为了提高下属的工作积极性，应该了解“Will-Can-Must”法则。

02 领导者要了解下属想做什么工作

领导者直接问下属有没有想做的工作，下属的答案基本上都是“不知道”。

这是因为在日常生活中，人们一般不会去考虑自己想做什么。但其实，每个人的心中都会有自己想做的事情。领导者的一项重要工作就是给下属创造机会，让下属发现自己想做什么。

⊙ 领导者如何了解下属想做什么

领导者在运用“Will-Can-Must”法则时，首先要做的是就“Will”（欲求）来对下属进行提问，但遇到的难点是下属通常会回答：“没有什么特别想做的。”根据我的经验，只有10%左右的下属会回答“有想做的事情”。

这种情况并非表示下属没有想做的事情，只不过是他们还没有厘清头绪。有时候下属还会抱有一些错误的想法。一些下属想得太多，把自己正常的想法误认为是野心。这时候，领导者应该帮助下属整理一下思路。领导者可以把“想做的工作”分为三个层次，并针对这三个层次向下属提出问题，如图4-2所示。

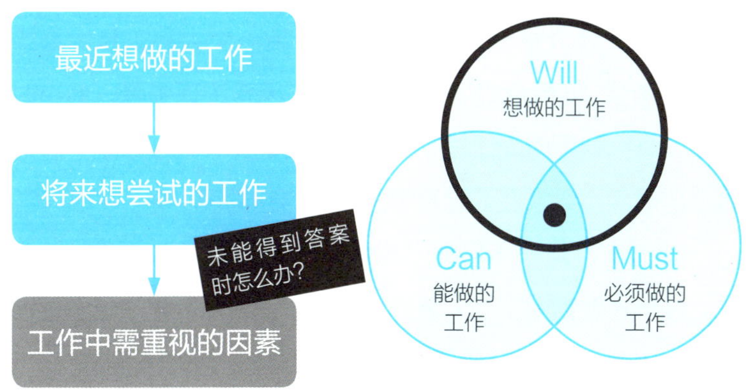

图4-2　欲求的三个层次

第一个层次是“最近想做的工作”。领导者要了解下属在现在的工作中最想做什么。例如，下属想尽快当上主管、想带新人、想受到嘉奖等。哪怕是想早点儿下班也完全没问题。

第二个层次是“将来想尝试的工作”。领导者向下属询问将来想做的事情。下属可以谈一谈“自己将来想创业”“想在做好工作的同时兼顾家庭生活”等话题。

虽然，领导者就这两个层次的内容对下属进行提问，但是，对于下属的很多情况还是无法了解到。

这个时候，领导者就需要针对**第三个层次向下属提出问题**。领导者可以询问下属**“在工作中重视的因素是什么”**，并让下属列举出五个左右的因素，然后让下属从中选出最重视的那一个并讲出理由。

下面，我介绍一个实际的例子。有一个人在工作中最重视的因素是“时间效率化”。他重视该因素的理由是，他小时候跟父母同处的时间比较少，所以现在他比较重视家庭，想把更多的时间留给家庭。这种想法给人的感觉很温馨。

我们来整理一下针对“想做什么”进行提问的流程。首先，领导者要询问下属“最近想做的工作”及“将来想尝试的工作”，然后针对“Will”的第三个层次向下属提出问题。

领导者通过这种方式一定可以找到下属想做什么。

⊙ 领导者要了解下属的想法

领导者在询问完下属想做什么之后，一定要做的是**深入了解下属给出答案的背景**。领导者对事情的来龙去脉有了具体的了解，就能对下属的想法有正确认识，明白下属为什么会那么想。

为了更好地了解下属，领导者要不断追问“为什么”。领导者在询问下属“工作中最重视的因素是什么”时，很多下属会回答“收入”，但是，每个下属给出这个答案的原因不尽相同。有的人是因为想在出去游玩时可以自由选择十万日元和一万日元的酒店。有的人给出的原因是：“我老家的人生活在大山之中，很多人都没有去过城市，他们看到的世界很小。我想赚更多的钱去体验更好的世界，然后告诉老家的乡亲们，外面的世界很大，人生其实有很多种选择。”

“想获得更多的收入”这种想法听起来让人感觉非常干瘪无味，但是下属给出这个答案的原因各不相同。

之后，领导者可以就“能做的工作（Can）”向下属提问，让下属思考有没有与自己“想做的工作”相近的地方。哪怕只有10%~30%相近的地方，也完全没有问题。

对于不清楚自己想做什么的下属，领导者可以针对三个层次的“Will”向他们提出问题。

03 领导者如何促使下属不断成长

如果下属不能在工作中建立起信心，那么，领导者即使把宝贵的机会交给下属，对于下属来说也是一种压力。

为了消除下属的焦虑，领导者需要帮助下属思考如何填补技能的不足及如何发挥自己的长处。

⊙ 领导者要确定适合下属的能力开发目标

前面讲到了年轻人认为“能够获得成长机会”是一种比薪资更重要的工作回报。

领导者**要根据每个下属的特点确定其适合的能力开发目标以及开发什么能力**。确定了以上两点之后，领导者就能帮助下属进入不断成长的状态。

假设有一名从事销售工作的员工将“三个月后开始服务更大的客户”定为工作目标，那么，他就需要提升能力。为此，领导者就**应该与这名销售员工讨论需要提升哪些能力**。例如，协调能力、策划能力、提案能力，这些能力在这名销售员工之后的工作中可能会变得非常重要。如果是这样的话，领导者就应把在三个月内提高协调能力、策划能力和提案能力作为这名销售员工的能力开发目标。在此前提下，领导者要为其提供相应的机会。

所以，设定工作目标，让必须做的工作（Must）产生变化是关键。

人都非常容易产生倦怠感，这是一个事实。越是希望成长的人，在面对一成不变的现状时越容易感到失望。因此，领导者需要帮助下属设定能力开发目标，让下属缺乏变化的工作有所改变。

⊙ 领导者需要发现下属的长处

领导者可以帮助下属在工作中发挥长处，从而让下属建立起对工作的信心，如图4-3所示。这种方法对于下属来说，可接受度更高，下属也能获得更高的满足感。

首先，我们要知道何为长处，了解其正确的定义非常重要。对长处的定义有很多，我个人对P. 亚历克斯 · 林利给出的定义最为赞同。他是一名经营顾问，创立了“应用积极心理学中心”（CAPP，英国），该机构主要关注的问题是如何让员工在团队中发挥其长处。

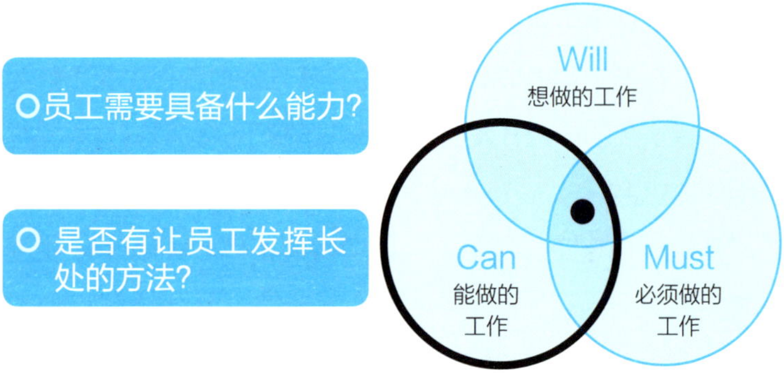

图4-3 促使员工成长的方法

应用积极心理学中心（CAPP）对于“长处”的定义是：

自己比别人**更擅长**做一件事情，并且在做这件事情时**能够感受到快乐**。

也就是说，长处是指一个人不仅更擅长做某件事，还要能够从这件事中感受到快乐。领导者可以把这个定义告诉下属，并且了解一下下属是否具备以下两种长处：**一种是“已经在工作中发挥的长处”；另一种是“尚未发挥的长处”。**

“已经在工作中发挥的长处”就是下属**在当前的工作中已经运用的长处**。领导者可以直接询问下属，当然，也可以通过观察了解下属已经在工作中发挥的长处。如果某个员工有某项长处，应该向其周围的同事介绍自己的长处，并找机会将自己的这种长处传授给同事，形成对这一长处的共享。

“尚未发挥的长处”就是下属只**在私人生活中或以前运用过的长处**。如果下属有这种长处，领导者应该思考如何让下属将这种长处运用于工作中。例如，下属在学生时代曾经担任过学生干部，但现在却没能发挥其领导能力，那么领导者就应该考虑让这个下属承担指导职场新人的工作。这样，下属就能发挥自己的长处，并且能够从中感受到乐趣。

现在，大家都希望在工作中获得成长机会，所以，领导者应该不断为下属提供相应的机会，让下属成长。

领导者应该为下属提供成长机会，并与下属一起寻找发挥长处的方法。

04 领导者如何为下属制定正确的目标

目标就像“墙上的钉子”。你可以设想一下，在钉子的下面有一个带橡皮筋的人偶，人偶被你用胶带固定在地面上，你拉伸橡皮筋并将其挂在钉子上。然后，你揭开地上的胶带，人偶就会弹向钉子。如果你把钉子钉在不同的位置，人偶的弹射方向也会随之改变。目标也是一样的，人们设定的目标不同，最终到达的位置也会不同。

⊙ 制定“全体员工都能完成”的目标无助于员工成长

假设你在每个人都各自追求个人目标的环境中工作，你的领导在会议上宣布“努力争取全体员工都能完成目标”，这本身虽然没有什么问题，但是，制定全体员工都能完成的目标是不可行的。因为这可能导致目标被定得偏低。设定一个有一定难度的目标，让员工“踮着脚才能够到”，可以帮助员工快速成长。

领导者制定的最佳目标是让70%的员工可以完成的目标。这个比例非常重要。如果不能让未完成目标的员工处于少数，那可能会形成一种“不能完成目标也无所谓”的工作氛围。并且，领导者要对完成目标的员工进行公开的表扬，这样可以促使员工努力完成目标。

在顺利完成目标的员工会受到表扬的工作环境中，那些未能完成目标的员工也会受到同事的激励而更加努力工作，争取“在接下来的工作中挽回颜面”。

如果领导者把工作目标制定得略微高一些，可以帮助员工快速成长。

⊙ 根据SMART法则来制定目标

如果领导者不能判断制定的目标是否有效，那么，即使领导者为员工制定了目标，员工也很难成长。

例如，我们联想一下那些参加工作时间很长，一直从事事务性工作且没有什么目标的员工，这些员工对自己的业务非常熟悉，但他们可能几年以来都没有成长、进步。不仅如此，当领导者要求这些员工改变工作方式时，他们甚至还会表现得像是被夺去宝刀的武士一般，对领导者的要求非常抵触。只有一个方法能够避免这种现象的发生，那就是领导者要为员工制定有效的目标。

1981年，乔治 · T. 多兰提出了SMART法则，该法则认为“有效的目标由五个因素构成”。

- **S：** Specific（明确），是指目标的完成标准应是明确的。
- **M：** Measurable（可用数字衡量），是指目标的完成度、进度可用数字衡量。
- **A：** Attainable（可实现），是指目标是可实现的。
- **R：** Realistic（现实性），是指目标应具有现实性。
- **T：** Time-based（有时限），是指目标应有时限。

这五个因素中，尤为重要的是“目标的完成标准应是明确的”以及“目标的完成度、进度可用数字衡量”，如图4-4所示。即使是上文中提到的从事事务性工作的员工，领导者也必须为其设定可用数字衡量的目标。

这样的话，如果员工靠平时惯用的工作方式已经无法按时完成目标，那“武士就只能扔掉手中的刀”，然后去寻找新的“武器”。此时，一直没成长、进步的员工就必须走出自己的舒适区，去尝试新的工作方式。

另外，还有一个制定目标的方法也值得介绍一下。

领导者可以为员工制定用几周时间就可完成的小目标，

从而提高员工目标完成的概率。此外，员工也能够借此机会会定期回顾自己的工作。这种小目标被称为“Small Step”。

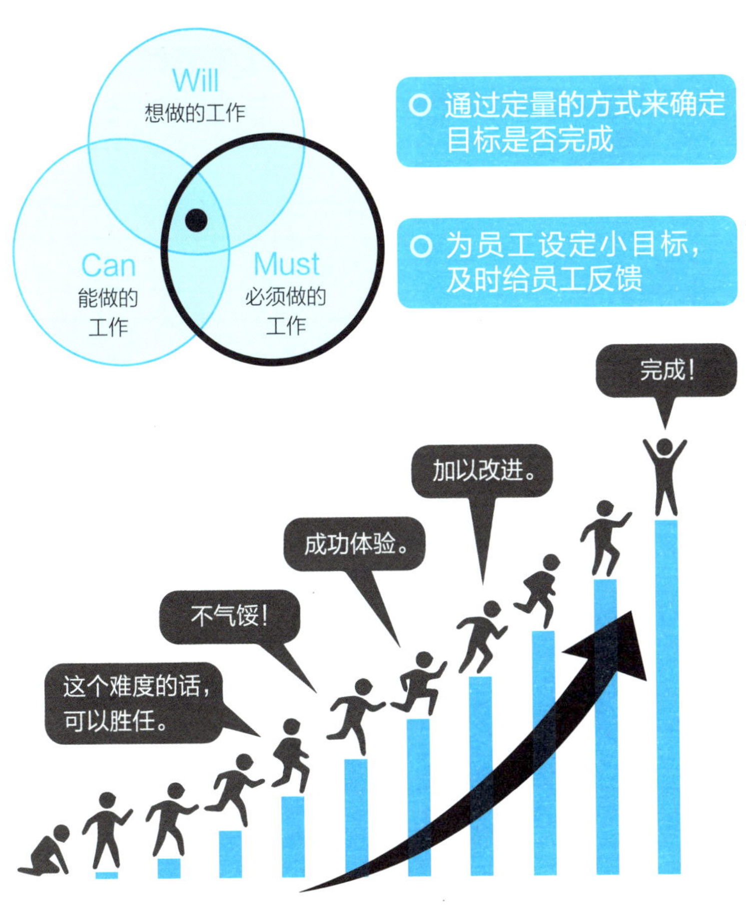

图4-4　制定有效目标的方法

领导者为下属制定正确的目标，可以帮助下属实现非连续性成长。

领导者要制定能够帮助员工成长的目标，即不要制定简单的目标，而要制定有效的目标。

05 领导者如何激发下属的自主性

即使是做相同的工作，不同的人也有不同的感受。有的人感觉是在被迫做事，也有的人感觉是在做自己想做的事。导致这种差异的原因不是大家的能力不同，而是“所做的工作是否由自己决定”。

越是领导者觉得应该做，并且做出详细指示的工作，下属越是不想做。

⊙ 可激发下属主动性的自我决定感是什么

当下属向领导者提出问题时，领导者可能很想立刻回答，但是，立即就给出答案的做法其实并不好。如果领导者想提高下属的自主性，那么要让下属自己思考并做出决定，这是十分重要的。这种感觉被称为自我决定感。

美国罗切斯特大学心理学荣誉教授爱德华·L. 德西与理查德·瑞安共同创建了当代颇具影响力的动机理论之一——自我决定论。

自我决定论也分为不同的方面，但总的来说，该理论阐述了自发、整合、统一等内在动机对激发员工工作积极性具有十分重要的作用，如图4-5所示。也就是说，**学术研究已经证明，相较于喜欢给出详细指示的领导者，那些愿意让下属自己思考的领导者更能激发下属的主动性。**

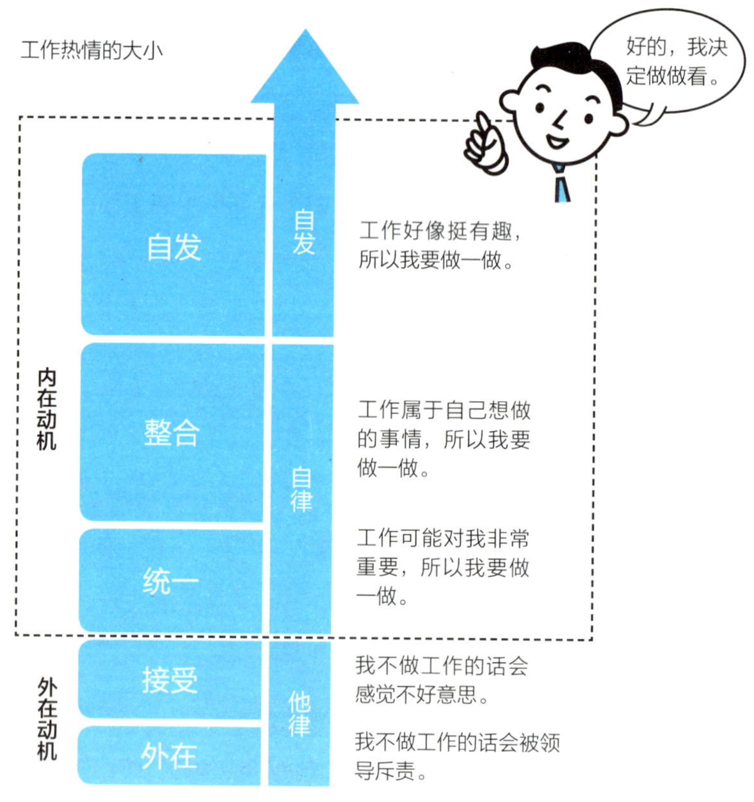

图4-5　自我决定论

即使下属的工作完成情况不够理想，但只要对于工作有自我决定感，下属就会去思考改进的办法，想一想问题出在哪里，应该如何去做。可是，如果下属对于工作没有自我决定感，那么工作完成情况不理想带给下属的则只有“太难了”“真无趣”等负面感受。

⊙ 自我决定感能帮助人克服意志薄弱的弱点

自我决定感还能帮助那些意志薄弱的人克服弱点。

下面，我介绍一个事例。电视台曾经播放过日本原乒乓球选手平野早矢香指导一名少年选手练球的经历。这名少年选手虽然在乒乓球训练时表现得十分出色，但在正式比赛中总是在预选赛阶段就被淘汰。少年选手用很小的声音说：“一打正式比赛就紧张。自己的意志太薄弱了。”

平野早矢香从不说消极的话，在训练场总是用“很好”“漂亮”“有进步”这样的话来鼓励选手。在这样的鼓励之下，这位少年选手的脸上开始露出自信的笑容。

终于到了比赛的阶段。在比赛开始前，平野早矢香对这位少年选手这样说：“不要关心结果，你平时练得已经足够刻苦。我只希望你能答应我一件事，就是把之前练的东西全部发挥出来。”

平野早矢香不会给选手非常具体的建议，**她只要求选手把平时的水平发挥出来即可。**少年轻轻地点了点头。经过一番苦战，这位少年选手还是输了。但是，在接受采访时，他说了这样的话："我确实心有不甘，不过这次我在预选赛上没有发挥出来的水平，可以在今后的比赛上继续发挥。"

这个例子很好地说明了有自我决定感的人在面对失败时会更加顽强，并且这样的人还会自发思考、自我反省。

领导者与其以过度保护的方式来防止下属跌倒，不如让下属在跌倒中学习。

06 领导者如何消除职场新人的焦虑感

领导者向缺少工作经验的职场新人询问“想做什么”，这只能给对方造成压力。

例如，我们首次尝试一项体育运动——冰壶，此时被询问“想做什么”，我们就只能感到困惑而已。同理，如果没有一些工作经验做铺垫，那么下属是无法回答“想做什么”这个问题的。

⊙ 培养阶段的三个步骤

面对职场新人，领导者询问“想做什么”是一件令人不太舒服的事情。因为职场新人并不具备可以独立思考这个问题的条件。

首先，领导者应尽量对职场新人就工作内容进行细致的讲解并传授工作方法。这正是所谓的培养阶段，如图4-6所示。

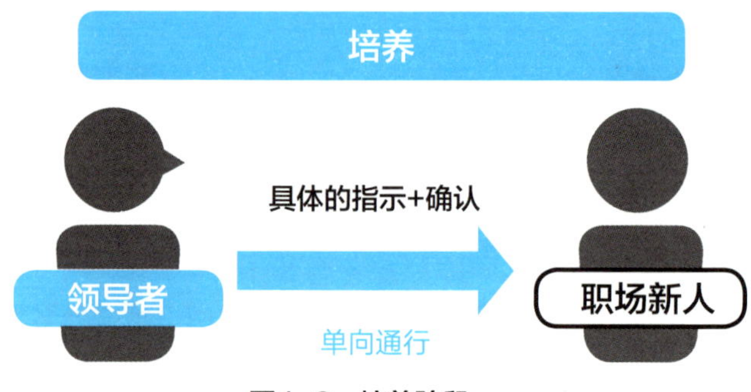

图4-6　培养阶段

培养阶段的三个步骤列举如下。

①领导者可以利用“5W1H”[①]向下属详细地讲解工作内容，不能想当然地认为下属对比较简单的事情已经了解。

②在此基础之上，领导者要询问下属是否有不懂的地方以及感到焦虑的地方，不能只顾自己讲话。

③最后，领导者要让下属“复述”讲过的内容，确认下属是否有误解的地方。

假设有一名从事销售工作的职场新人，领导者对这名职场新人说：“你按照这个名单每天打50个电话，有什么不明白

① 5W1H指地点、时间、人员、原因、方式和事件。——译者注

的可以问我。”这样只会让职场新人感到焦虑，而且职场新人也可能不知道该向自己的领导问点儿什么。

因此，领导者第一步要做的就是利用**“5W1H”向下属详细地讲解工作内容。**

“**为什么每天**一定要打50个电话?”（为了能够完成工作目标。）

“应该**如何**讲话?”（你应该按照准备好的脚本讲话。）

“应该给**谁**打电话?”（你不要给负责接待的人打电话，要给负责采购的人打电话。）

“应该在**哪里**打电话?”（你不一定要在办公室里打，可以使用手机在任何地点打电话。）

“应该**什么时间**打电话?”（每天需要花两个小时打电话，你应该事先安排好时间。）

“该**如何应对客户的询问**?”（你应该按照脚本上的应对方式应对客户的询问。）

领导者要将这些具体的工作内容告诉职场新人。这些事情看上去似乎是不言自明的，但是职场新人可能并不知道。尤其是领导者对于工作原因的说明，能够帮助职场新人理解所做工作的必要性。

第二步就是领导者要**确认职场新人是否有不懂的地方以及感到焦虑的地方**。

接下来就进入第三步。领导者要**让下属复述自己之前讲过的内容。**日本棒球名将落合博满也曾这么说过：“复述非常重要，因为人有时候会处在似听非听的状态。”

通过上述三个步骤，领导者可以避免与下属之间出现认识上的误差。

⊙ 领导者不要陷入微观管理的误区

领导者要注意，如果管得过多，会让下属感到不适应。前面已经提过，我们把过于细致的管理称为微观管理。为了避免发生这种情况，领导者要记住以下两点：

第一点，领导者要告诉下属，**详细的讲解**只限于目前。领导者还可以给出明确的期限，例如“最初的两个月”，这样下属在学习工作内容的过程中就会更加积极主动。

第二点，领导者要**督促下属尽早开始独立思考**。即使下属感到有些困难，领导者也应尽早从培养下属的角色转换到指导下属的角色。如果之后又发现领导者角色转换确实早了一些，则可以再转回培养下属的角色。

人与人之间会存在差别，所以领导者不应该将某个下属和其他人进行比较，而是要根据每个下属的具体特点来进行培养，这一点非常重要。

这里还要对微观管理进行补充说明。谷歌公司人事负责人撰写的书籍《重新定义团队：谷歌如何工作》（*Work Rules*）中，对微观管理是这样阐述的：领导者对下属进行微观管理的动机是“不信任下属”，即使下属表示自己有能力完成工作，领导者也认为下属无法顺利完成该项工作。

为了避免领导者陷入微观管理的误区，我们制作了一份有关微观管理的核查列表。如果领导者符合下面列举的事项超过四个，就需要注意了。

【有关微观管理的核查列表】

- □ 领导者想详细掌握下属的工作情况，甚至包括下属正在哪里做什么。
- □ 为了让下属不犯错误，领导者希望为下属排除所有风险。
- □ 领导者心里并不信任下属，无法把工作放手交给下属。
- □ 领导者想让自己的想法体现在工作的所有细枝末节之处。
- □ 领导者对下属的工作能力不满意。
- □ 领导者对下属完成的工作感到不满意，认为要是自己亲自做的话就不会这样。
- □ 即便是很小的事情，领导者也不能允许下属忘记汇报（不想有不知道的事情）。

怎么样？是不是上面列举的行为体现了领导者对下属充满了不信任？有些下属很敏感，也会因此感到不舒服。

培养下属与对其微观管理不同，领导者不能限制下属的行为，应该在确认下属工作情况的基础之上，通过表扬、启发等方式来提高下属的自主性。

领导者给下属的工作做出详细指示的目的只能是为了消除下属的焦虑，而不应该是为了消除自己的焦虑。

领导者可以通过三个步骤来培养职场新人，以此来消除职场新人的焦虑。

07 领导者应该如何指导下属

领导者要不断追问下属："有没有其他的办法?"

下属们工作繁忙，很少有机会仔细思考。领导者不断追问可以帮助下属仔细思考，并可以让下属想出意想不到的问题解决方案。同时，这种方法也会让下属成长。

⊙ 什么是"GROW模式"

培养阶段结束后，接下来需要做的就是指导阶段，如图4-7所示。此时，领导者要通过提问的方式来启发下属，帮助他

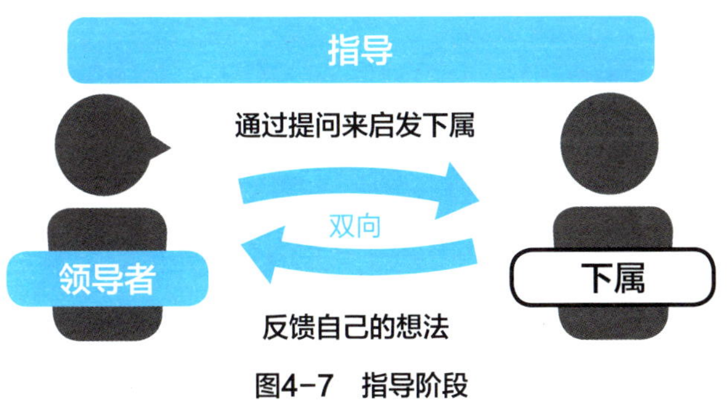

图4-7 指导阶段

们找到问题的应对方案。

下面，我介绍一个被称为诀窍的指导方法。那就是“GROW模式”。

这种指导方法可以让领导者给予下属启发，帮助他们找到问题的应对方案。这种指导方法可能给人感觉有些难，但只要领导者按照程序去做，在任何时候都能成功启发下属。

下面，以一名汽车4S店的领导者对其销售人员的指导过程为例进行说明。领导者要帮助销售人员明确目的，了解现状，并思考遇到的问题是否可以解决，思考应对方案，最后引导下属说出自己的应对方法。如图4-8所示。

⊙ 领导者要忍住不说

领导者在指导下属时，有一些需要注意的地方。

有的领导者在指导下属的过程中，会让下属朝着自己期待的方向来思考问题。这样会破坏下属的自我决定感，让下属无法找到自己真正想做的工作。

对领导者来说，忍耐和等待是非常重要的。在这个过程中，下属可能会想到许多领导者未曾想到过的好方案。如图4-8所示，下属提出去驾校拓展业务的方案，领导者很可能根本就没有想到还能有这样的方案。这就是指导下属的意义。

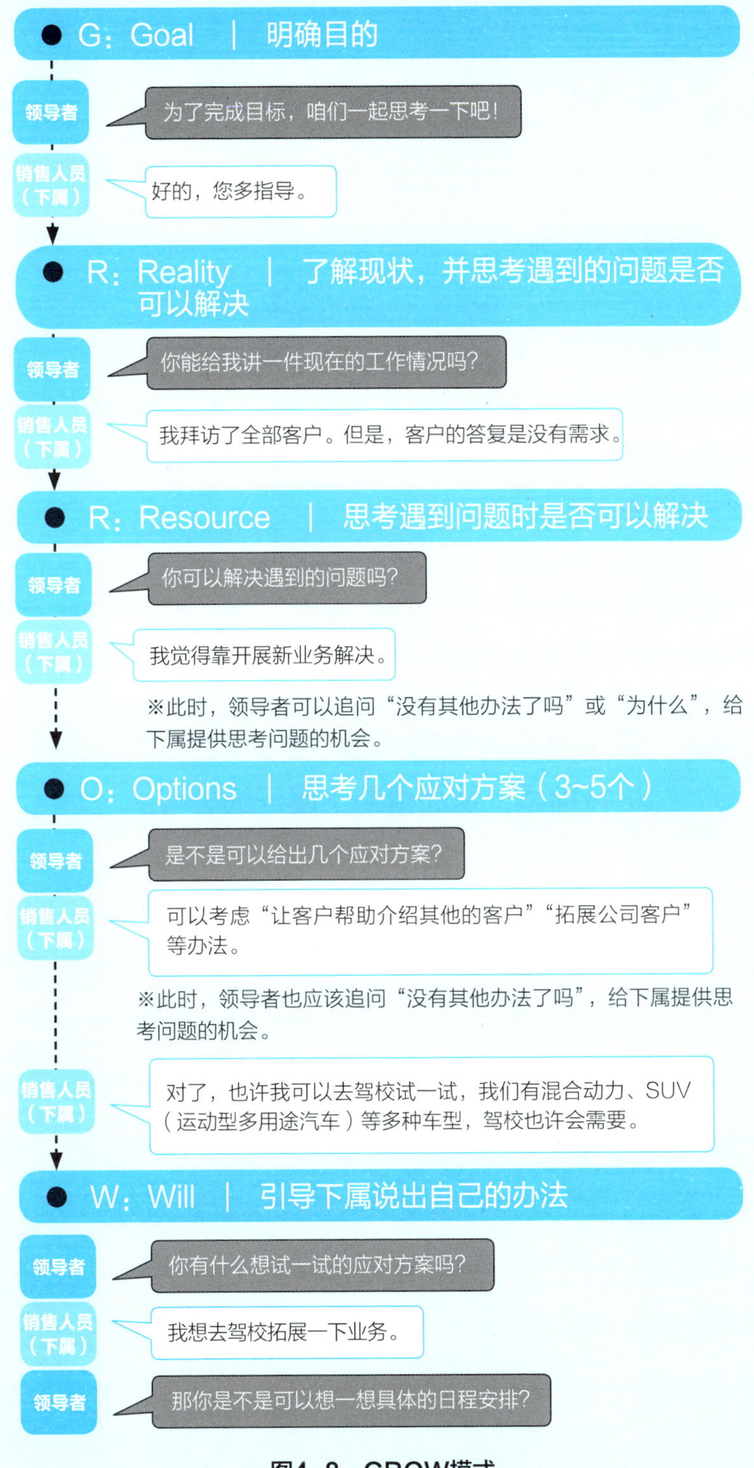
G：Goal | 明确目的
领导者
为了完成目标，咱们一起思考一下吧！
销售人员（下属）
好的，您多指导。
R：Reality | 了解现状，并思考遇到的问题是否可以解决
领导者
你能给我讲一件现在的工作情况吗？
销售人员（下属）
我拜访了全部客户。但是，客户的答复是没有需求。
R：Resource | 思考遇到问题时是否可以解决
领导者
你可以解决遇到的问题吗？
销售人员（下属）
我觉得靠开展新业务解决。
※此时，领导者可以追问“没有其他办法了吗”或“为什么”，给下属提供思考问题的机会。
O：Options | 思考几个应对方案（3~5个）
领导者
是不是可以给出几个应对方案？
销售人员（下属）
可以考虑“让客户帮助介绍其他的客户”“拓展公司客户”等办法。
※此时，领导者也应该追问“没有其他办法了吗”，给下属提供思考问题的机会。
销售人员（下属）
对了，也许我可以去驾校试一试，我们有混合动力、SUV（运动型多用途汽车）等多种车型，驾校也许会需要。
W：Will | 引导下属说出自己的办法
领导者
你有什么想试一试的应对方案吗？
销售人员（下属）
我想去驾校拓展一下业务。
领导者
那你是不是可以想一想具体的日程安排？

图4-8 GROW模式

领导者可能会有这样的顾虑：这样指导下属是不是会花费太多的时间？其实恰恰相反。在领导者的指导下，下属很快就能找到最终的方案。平时下属可能需要15分钟才能确定最终的方案，通过领导者的指导，他可能10分钟就能确定最终方案。因为，领导者根据“GROW模式”对下属指导，可以省去许多不必要的对话。

希望领导者们可以尝试一下“GROW模式”，给自己的下属提供独立思考的机会，这能大大提高下属对工作的热情。

领导者应该利用“GROW模式”对下属进行指导，从而帮助下属仔细思考。

08 领导者如何让老员工“开足马力”工作

如果领导者不好意思对老员工进行管理，那么这些老员工就无法开足马力工作，而且只能以巡航速度前进。

领导者应该帮助老员工开足马力工作，有时候还需要将其最大输出功率调高。

领导者要坚信一名老员工的能力绝不会仅限于此。

⊙ 老员工知道如何忙里偷闲

最近，我经常接到针对如何管理老员工的咨询案例。现在，大约一半的领导者手下有比自己年龄大的老员工。在公司里，这种情况已经司空见惯，但是，领导们在实际的管理上好像还是存在许多顾虑。

当然，不能否认的是，与年轻人相比较，老员工不仅有更高的工作技能，同时也有更多的人脉关系。但是，**老员工也知道如何忙里偷闲**，他们懂得把工作干到差不多的程度就可以了。

领导者要想出办法让这些老员工“开足马力”工作，如图4-9所示。领导者对于老员工，既不能培养，也不能指导，而是要采用委托的方式。

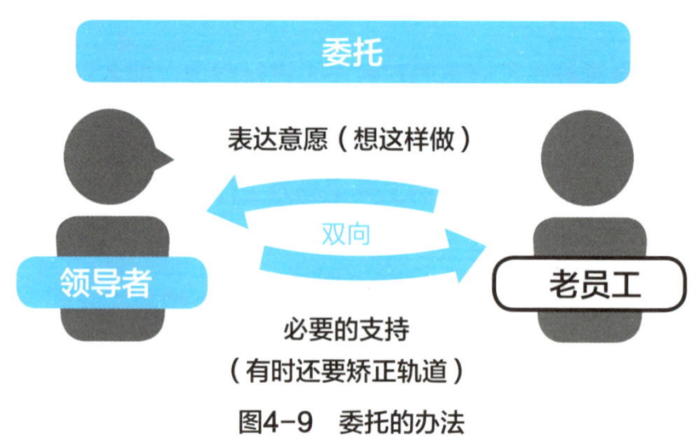

图4-9　委托的办法

首先，领导者要对老员工提出明确的要求，让老员工表达意愿，给出提案，具体分为以下四个步骤进行。

①领导者应对老员工提出较高的要求，使其达到领导者所期待的程度。这一点非常重要。

②领导者让老员工自行选择采用什么方法，对能力有限的老员工直接采用指导的方法。

③领导者定期接受老员工的工作汇报，不能一味地放手。

④如有必要，领导者可对老员工施以援手。

为了能让老员工“开足马力”工作，领导者首先要对老员工提出较高的要求。这一点非常重要。具体来说就是，领导者对老员工的工作提出更高的要求，从提案水准到建议水准，从运用水准到创新水准；赋予老员工改进服务的职责，要求其掌握客户需求，提出改进方案；赋予老员工提高组织力的职责，要求老员工掌握体系化的工作技巧，成立学习小组等。这些都是值得推荐的做法。

我在从事管理工作的时候，要求老员工“找到新的销售方法”“了解客户的不满、不便的地方，并改进服务”。当时的老员工想出的服务业务，在十年后的今天，仍然是公司的主要业务，为公司的发展做出了积极的贡献。

领导者的一项重要工作就是让下属发挥自己的能力。也就是说，领导者在对那些老员工进行管理时，不能只想着照顾他们的面子。

⊙ 领导者要建立定期汇报的机制

有一些领导者完全不过问下属的工作，这也是很危险的。这样会让下属觉得“领导者根本不关心自己的工作”。即使是老员工，领导者在把工作放手交给他们之后，也应该要求他们定期汇报工作，不然的话，领导者会被认为是在放任下属。实际上，**建立定期汇报的机制，对老员工来说也是非常重**

要的，因为他们也希望领导者知道自己在做什么。当工作进展不顺时，最怕的就是领导者说："我根本不知道这个情况。"

如果领导者对这种方式还是有顾虑的话，不妨把听取下属工作汇报的目的定为"看看我有什么能为下属做的"。领导者应该以这种姿态来关心下属的工作。对于领导者来说，非常重要的一点就是经常思考"可以为下属做些什么"，如果自己缺乏相应的能力，则可以听一听专家以及前任领导者的意见，也可以去问一问比自己级别更高的领导者对此有何建议，这些办法都是有效的。

哪怕只是从领导者那里得到一些信息，也会让老员工感到非常高兴。只要领导者能有这种姿态，老员工就会对其保持很高的信任度。

领导者不能对老员工放任不管，应该为他们建立定期汇报的机制。

09 领导者要给不能全身心投入工作的下属配备应援团

公司中一定会有不能全身心投入工作的下属，但是，这些下属也有自己的理由，那就是他们认为没有什么理由值得他们那么拼命地工作，他们不渴望成长，也不渴望加薪，甚至他们认为只要做到不被人取笑就好。

要改变这些下属，只有一个办法，那就是对其寄予期望。

⊙ 领导者如何改变不能全身心投入工作的下属

有些下属以“当一天和尚撞一天钟”的态度来对待工作。不可否认，人是很难改变的，但通过外部的刺激，人也有改变的可能性。**领导者不妨试一试给不能全身心投入工作的下属配备应援团这个办法。**下面，我介绍一个成功的案例。

F的年龄为31岁，是某公司的销售人员，该公司的部门经理对总是不能完成目标的F感到非常头疼。为此，部门经理让几名负责公司内勤工作的员工成为F的应援团，对F进行帮助。团名就是“帮助F完成目标应援团”。之后，让这些负责帮助F的员工建立一种责任感，如果F不能全身心地投入工作，那这些员工也会感到自己没有尽到职责。这个时候，部门经理让F策划一场“营销活动”，并让应援团帮助F。

每天早上，大家都跟F说：“今天也要加油干啊！”在F联系完业务回到公司后，大家也要问一声：“有没有什么好消息？”如果F有什么新奇的话题，也要求F讲给大家听一听。这些应援团的员工也是由衷地希望F能全身心地投入工作，所以都很尽力。

这样一来，F身上开始发生变化，大家都说他不仅变得比过去努力了，而且还破天荒地完成了自己的业绩目标。

在过去，F肯定没有被寄予过如此多的期望。

⊙ 从奥运选手的欢送会上得到启发

实际上，这个配备应援团的办法是我帮助一个部门经理的时候想出来的。在此之前，我参加过一位奥运选手的欢送会，在那个欢送会上我得到了启发。

那名奥运选手有实力通过预选赛，但距离获得奖牌还有相当大的差距。参加奥运选手欢送会的有大约200人。

选手所属公司的领导登上前台，对站在旁边的这位奥运选手这样说道：“希望你一定夺牌而归！你就是我们的明星！

我们等着你的奖牌，没问题吧?”

这位奥运选手回答：“当然没问题。我会尽力的!”

之后，领导又对着来宾说道：“接下来，我想给咱们的选手鼓鼓劲儿，请大家起立!”

参加欢送会的200余人便开始齐声高呼：“加油！加油!”整个会场仿佛被震得摇晃起来。可此时我却想到一个问题：如果这名选手没能取得奖牌可怎么办啊?

我感到了群体的力量，但同时也看到了其中的危险性。我想到了那些没能取得奖牌的选手回国后哭着说“对不起”的画面。估计这位选手也会重蹈覆辙。

不过，**猛药如果使用得当，也能立即产生疗效。**

我把参加这次欢送会的经历讲给了那个上文中提到的部门经理，之后我们一起想出的办法就是配备应援团。

有一个电视节目介绍了这样一个实验结果。

“加油助威对马拉松等需要消耗较多体力的项目会产生正面效果。而对棒球、高尔夫等需要集中注意力的项目则有反向效果。”①

日常的工作大部分都近似于需要消耗较多体力的运动项目。任何职场中都有不努力的人。配备应援团是一种针对这类

① 来自日本电视台冷知识综艺节目（2010年2月27日播出）。

人的方法。虽属于猛药，但只要正确使用，在短时间内就能使这类不努力的人发生变化。如果员工之间的关系还没有达到那种程度，实施此方法时则会显现出一些不太自然的地方，此时领导者可以通过组成团队、举办活动的形式来促使不努力的员工改变。

虽说人是很难改变的，但是我们可以提供机会，帮助其他人改变。

人被寄予期望就会有所改变。
领导者可以通过配备应援团的方式来改变不努力的下属。

本章参考文献

[1] 『Works』、リクルートワークス研究所、No.101.

[2] 『< 研 究ノート >キャリアプランニングの視 点 “Will, Can, Must”は何を根拠にしたものか』、田澤実、法政大学キャリアデザイン学会.

[3] 『リーダーシップ・マスター——世 界 最 高 峰のコーチ陣による31の教え』、 マーシャル・ゴールドスミスほか、英治出版.

第5章

领导者如何创建具有超强凝聚力的团队

01 领导者要有建立强大团队的设计图

修建房屋时，如果没有设计图，就无法修建结实的房屋。

领导者要建立强大的团队，也需要设计图。而且，这个设计图已经有了。

⊙ 平衡记分卡[①]是建立强大团队的设计图

领导者要建立具有强大凝聚力的团队并非易事，但是，也不能因此就放弃努力。领导者**要想以最快的速度建立一支强大的团队，就需要设计图。**

在这里我想介绍一个领导者可以运用的设计图，那就是平衡记分卡。平衡记分卡由美国哈佛大学商学院教授罗伯特·S. 卡普兰与瑞易信息技术公司[②]总裁大卫·诺顿提出，非

---

① 平衡记分卡，英文称Balanced Score Card，简称BSC，是常见的绩效考核方式之一。——译者注

② 瑞易信息技术公司，全球零售行业中最大的商业智能和数据分析提供商。——译者注

常值得推荐。我本人也因运用平衡记分卡而受益匪浅。在实际工作中运用平衡记分卡时，使用者需要按照实际情况进行一些有针对性的修改。有的情况下，领导者也可以直接将平衡记分卡作为建立强大团队的设计图。

在实际工作中，大家会遇到许多问题。例如，当业绩不佳时，你会怎么想呢？当然你要从多个角度思考原因，如自身能力不足、顾客满意度不高、战略失误等因素。但是，这些因素之间似乎又没有什么联系，所以很难将其联系在一起进行思考。平衡记分卡是帮助大家将这些零散的因素联系在一起，从多个角度思考问题的方法。

平衡记分卡主要从五个视角来对公司存在的问题进行整理。

①团队愿景的视角（整个团队的目标）。

②财务的视角（如果是销售部门则要考虑收益目标，如果是事务性部门则要考虑生产率目标等）。

③客户的视角（能够为客户提供什么价值？为此采取什么样的行动？如果是负责内勤工作的部门，其要服务的“客户”是公司内部的相关部门）。

④内部运营的视角（内部运营的要素包括人均工作量、员工评价、组织制度等）。

⑤学习与成长的视角（要素包括技能、信息共享、工作积极性、团队合作等）。

完成财务目标是实现团队愿景的必要条件，满足客户需求是完成财务目标的必要条件，完善的内部运营机制是满足客户需求的必要条件，员工的学习与成长是完善内部运营机制的必要条件。平衡记分卡就是这样把所有因素串到一起，在此基础上对问题进行整理的。

【销售部门的案例】

平衡记分卡可作为建立强大团队的设计图。

在销售部门的案例中，我们判断，员工的业绩不佳不是由员工技能和工作积极性不足导致的，而是由于客户对公司产品的改进提案数量不够，如图5-1所示。

【内勤部门的案例】

平衡记分卡也适用于内勤部门，如图5-2所示。在内勤部门的案例中，我们判断，员工减少加班的目标很难实现的原因是该目标没有被列为员工工作的评价指标，而不是由于员工的能力存在问题。

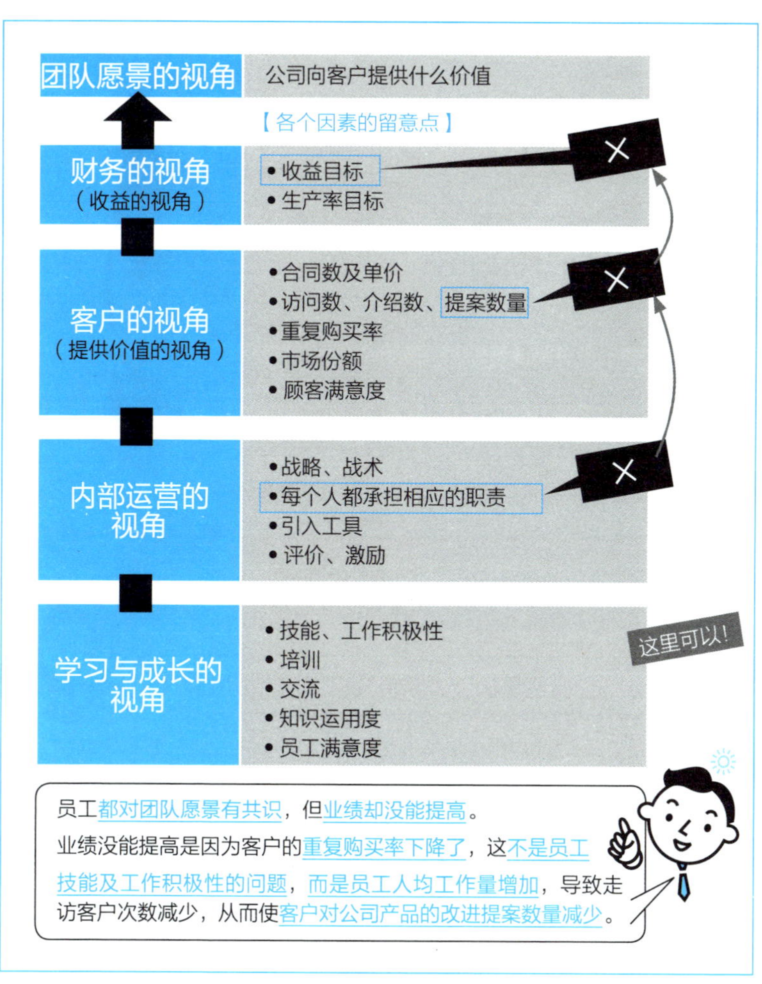
团队愿景的视角
公司向客户提供什么价值
【各个因素的留意点】
财务的视角
（收益的视角）
• 收益目标
• 生产率目标
×
客户的视角
（提供价值的视角）
• 合同数及单价
• 访问数、介绍数、提案数量
• 重复购买率
• 市场份额
• 顾客满意度
×
内部运营的视角
• 战略、战术
• 每个人都承担相应的职责
• 引入工具
• 评价、激励
×
学习与成长的视角
• 技能、工作积极性
• 培训
• 交流
• 知识运用度
• 员工满意度
这里可以!
员工都对团队愿景有共识，但业绩却没能提高。
业绩没能提高是因为客户的重复购买率下降了，这不是员工技能及工作积极性的问题，而是员工人均工作量增加，导致走访客户次数减少，从而使客户对公司产品的改进提案数量减少。

图5-1　销售部门的案例

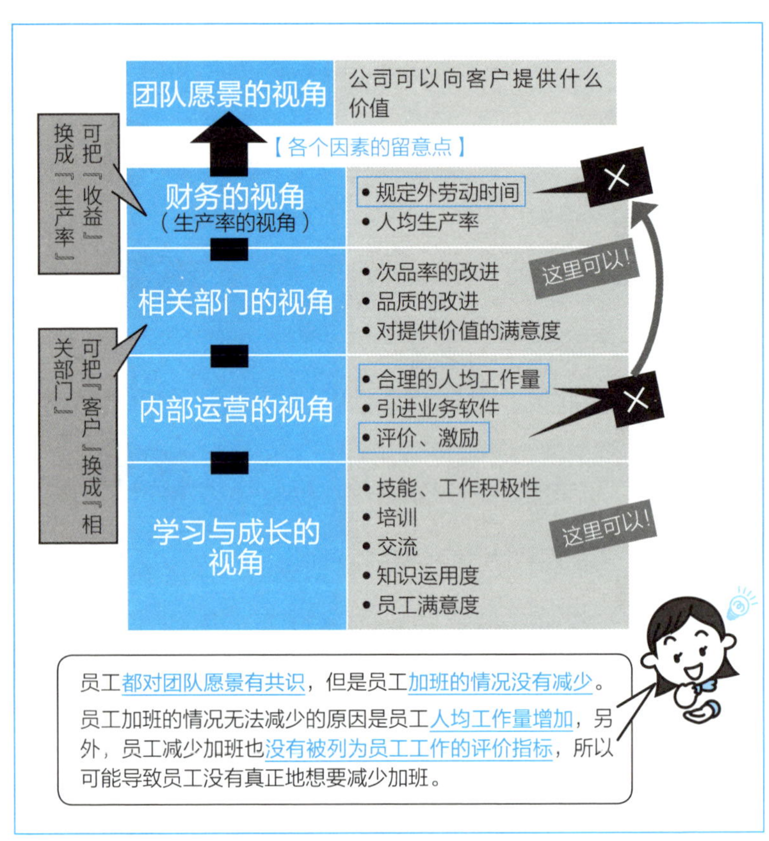

图5-2　内勤部门的案例

⊙ 领导者要合理运用设计图

怎么样？我们使用平衡记分卡对问题进行整理，可以找到问题中各个因素之间的联系，从而**确定这些因素的重要程度及先后顺序**。

如果不知道这些，领导者可能就会考虑“先办个学习小组”“先增加一些对话”等解决办法，这样就造成了徒劳无功的结果。

那些失败的案例，大概就是以下这样的：

- 领导者开办了旨在提高技能的学习小组，但并没有什么明确的、可以战胜对手的战略。
- 公司的战略虽然很高明，但由于员工人均工作量太大，导致公司战略无法得到彻底实施。
- 虽然领导者很努力地想要完成一个项目，但这个项目未被列为员工工作的评价指标，导致员工的工作热情降低。

就像这些情况，很多案例都遗漏了关键点。为了避免出现这种情况，领导者需要制作设计图。但是，需要说明一下，领导者没有必要完全按照平衡记分卡的要求来做。真正的平衡记分卡采用非常严格的定量管理，对五个视角中的每一个因素都要设定若干数字指标，通过数字指标来进行精密的管理。

如果从经营的角度来讲，有必要对公司进行精密管理，但第一线的领导者**没有必要进行那么精密的数字管理。**如果领导者在工作的第一线设置过多的指标，会让员工疲于应付，这就是所谓的“KPI[①]地狱”。

领导者将平衡记分卡引入工作第一线时，首先应该思考这些问题。

- 我们以实现团队愿景、提高业绩和生产率作为公司的目标，那么，我们可以从什么样的角度来进行营销?
- 为了实现上述目标，公司需要制定什么样的工作流程?员工需要提高哪些技能?需要员工如何学习与成长?

然后，领导者确定这些问题的解决方案即可。这样，员工应该做的事情、应有的状态自然就会变得清晰。

接下来，我讲一讲在每个视角下，大家具体应该做些什么。

领导者要制作建立强大团队所需要的设计图。

① KPI是一种对重要业绩的定量评价指标。

02 一起思考团队愿景

【团队愿景的视角】

如果员工把能量都用在实现自己的目标上，团队就会出现“不充分燃烧”的情况。员工一起思考团队愿景的过程可以把整个团队的能量引向同一个方向。

⊙ 员工是否对团队愿景有深入了解

你是不是也认为“愿景似乎没有什么用”或者“公司有公司的理念，所以公司中的团队没有必要有自己的愿景”呢？

实际上，我刚成为领导者的时候，也有这种想法。我觉得只要完成眼前的目标就可以了，甚至错误地认为只要业绩好，团队自然就会朝好的方向发展。但是，我的下属对我说了这样一番话：“我认为完成目标是分内的事情，所以我肯定会努力。但是，我对今后感到茫然。如果我不能明确为了什么努力，心里就不太踏实。”

这名下属的话让我明白，虽然每个员工都知道公司的理念，但是大部分员工对此并没有深入了解，甚至认为公司的理念是没有意义的。领导者要做的重要的事是让员工对公司的理念进行消化、理解。

领导者要做的不是让员工把公司的理念背诵下来，而是让员工将实现公司理念当作自己的目标来进行思考。我有一个值得推荐的方法是大家一起制定自己团队的愿景。

⊙ 领导者如何管理多样的人才

现在，员工的价值观非常多样化。

如果仅以销售额作为目标，员工可能无法为此全身心地投入工作。因为每个员工的价值观、目标、情况都是不一样的。

- 有的员工为了学习技能而努力，为了自己的未来而努力。
- 有的员工重视私人生活，不想努力工作。
- 有的员工创立了自己的公司，现在是身兼二职，这种情况的员工正在增多。
- 有的员工还有副业要做，需要保存体力。

也就是说，**现在的职场中，员工们对精力的分配方式各不相同**。领导者的职责就是让员工的精力最大限度地发挥在正确的地方，所以需要制定团队的愿景。

⊙ 团队愿景可激发每个人的主动性

下面，我介绍一个参加过我培训班的学员的案例。这名学员是某求职招聘公司在日本千叶县的负责人。

他参加的培训课程是领导力技巧，这门课程就是让学员学习如何通过制定团队愿景来提高自己员工的主动性。这名学员与从前的我一样，一开始只知道关注短期的业绩。但是，通过学习这门培训课程，他明白了团队愿景的重要性，并开始和自己的员工一起制定自己团队的愿景。

他们制定的团队愿景是“通过帮助人们找到理想的工作来让日本千叶县的人生活得更加幸福”。这与他的切身经历有关，许多日本千叶县的人跟他一样，每天挤着电车去东京上班，很晚才能下班回家，经常没有机会跟家人一起吃饭。

结果如何呢？这名学员的团队制定的愿景产生了如下的效果。

他的公司员工的主动性提高了。例如，派遣员工主动提出要帮忙。曾经不能全身心投入工作的员工终于完成了业绩目标。员工的销售方式发生了变化。员工通过向客户传达团队的愿景，获得了客户的共鸣。

我的这名学员还说道：“在日本千叶县，三个月内帮助100多人成功转职。今后将继续为实现团队愿景而努力，尽全力在千叶县开拓业务。”最终他公司的销售额上升，他也在公司的日本关东片区分部受到嘉奖。这是因为，他制定了高于公司要求的团队愿景并为实现团队愿景而努力。

作为一个团队，所有成员**要知道客户是哪些人，并且共同来思考这些人的“不满、不便、不安”是什么。在此基础之上，一起讨论“能为客户做什么”**，然后，根据讨论结果制定团队愿景。这并不是说团队愿景本身很重要，而是说大家共同思考的过程非常重要。

团队愿景不是用来背诵的。
领导者要创造机会，让下属把团队愿景当作自己的目标来思考。

03 领导者要让下属深入了解团队愿景

【团队愿景的视角】

职场中的日常工作非常繁忙，制定团队愿景必然会流于形式。

领导者要让下属深入了解愿景，只把愿景可视化并贴在墙上是不够的。

让下属在日常工作中完成对愿景的了解才是提升团队整体能力的关键所在。

⊙ 不能实践就没有意义

大家好不容易制定出来的团队愿景却最终流于形式，这种情况经常发生。

当然，员工可能知道团队愿景的存在，也可能可以非常流畅地说出愿景的内容。但是，如果员工不能将团队愿景付诸实践，那么，团队愿景就没有任何意义。对于已经制定出来的团队愿景，员工必须要深入了解。因此，员工应该先这样思考。

如果公司一周的工作时间是40个小时，那么，领导者就在这40个小时的工作时间里一直强调。当然，领导者不可能一直喋喋不休，也不能像背景音乐那样一直播放着。

这个时候，领导者可以尝试以下方式：利用“视觉”“听觉”“机制”来帮助员工深入了解团队愿景。

⊙ 领导者利用“视觉”来帮助下属深入了解团队愿景

这种方法就是**领导者通过可视化的方法让员工看得见团队的愿景**。

例如，领导者可以在公司里张贴海报，或者制作成电脑的壁纸；也可以制作印有相关内容的衣服，让员工在公司中穿。

上一节中提到了某求职招聘公司，每当这家公司帮客户求职成功时，该求职招聘公司的一位员工就在公司的办公室里放上一朵用纸巾制作的玫瑰花。当求职成功的客户超过100人时，办公室里就摆满了花（这些主动制作花的员工是公司里的派遣员工）。

⊙ 领导者利用"听觉"来帮助下属深入了解团队愿景

这种方法就是领导者**用语言来传达团队愿景**。

其实这种方法也很平常，就是领导者在每天的会议上都提起团队愿景，关键在于领导者要坚持不断地重复。如果领导者都不讲团队愿景了，那这个利用语言传达的方法就进行不下去了。

例如，软银集团的总裁孙正义的做法就很值得借鉴。大家可以在视频网站上看一看他的演讲。十年来，他一直都在强调同一句话："信息革命能让人们变得更加幸福。"软银集团的在职员工或已经离职的员工，没有人不知道这句话。

关键在于领导者要做到有意图地不断重复、不停地强调团队愿景。当然，领导者也可以选择让下属一起出声复述团队愿景的形式，不过这种做法容易变得"流于形式"，所以最好还是不要尝试。形式主义的做法最容易让工作环境变得死气沉沉。

⊙ 领导者利用"机制"来帮助下属深入了解团队愿景

这种方法就是把团队愿景融入员工的日常工作中。

例如，有的公司在每次会议上都安排了介绍团队愿景进展状况的环节。又如，某家公司的某个部门将“超越客户的期待”设定为自己团队的愿景。在这个部门，**每周的会议上都有是否已经超越客户期待的讨论环节。**大家对上一周的工作进行回顾，每个人都讲一讲自己有哪些工作已经超越了客户的期待，而哪些工作还没能超越。对未能超越客户期待的业务，大家通过以下这种方式来分享经验：“客户让我给他发一份资料，所以我就把资料用电子邮件给客户发送过去了。但是，如果我当时问一下客户资料的用途及所需份数，也许就能用快递的方式把纸质资料给客户寄过去了。”听了这位下属的话，领导者对其进行了表扬：“很好！能有这个意识非常好。”

其实这个部门在三年前曾不断有员工辞职。不过他们通过上面介绍的方法，加强了团队凝聚力，客户的好评也在增加，近两年来，整个部门没有一个员工辞职。

以上三种方式可以帮助员工深入了解团队愿景。

大家不妨也可以试着把自己团队的愿景融入日常工作中。

为了不让团队愿景流于形式，领导者应该通过“视觉”“听觉”“机制”来帮助员工深入理解团队愿景。

04 领导者要为团队制订具有挑战性的计划

【团队愿景的视角、财务的视角、客户的视角】

领导者要为下属制订具有挑战性的计划，并为计划确定一个期限，下属的工作热情就会提升了。

领导者要从收益目标或客户价值提升的角度出发，确定其团队需要拓展的业务，则团队的工作热情会进一步提升。

⊙ 让员工切实感受到工作逾期完成的后果

制定好团队愿景之后，接下来领导者就可以为员工制订有具体时间安排的挑战性计划。**建议领导者把挑战性计划的完成时间定得短一些，例如半年或一年，最长也不能超过两年。**作为团队的负责人，领导者应该把计划的完成时间安排在自己的任期之内，这样更具有现实性。

有一件事让我切实地感受到工作逾期完成的后果。当时我正担任某公司招聘业务的销售负责人。我的运气不错，团队里经验丰富的老员工很多，对他们来说，把销售额提上去并不是什么太难的事情，所以我就想依靠他们的力量去开发一些新的服务模式。

虽然大家已经把“通过为客户招聘到理想的员工来帮助客户发展事业”作为团队的愿景，但是**我感觉下属们在对团队愿景的认识深度上还是存在很大差别。因此，我认为有必要为大家制订具有挑战性的计划。**我对大家说：“一年之内见胜负。所有人不仅要提高自己的销售额，还要给客户提出增加收益的方案，并且还要在所有同事面前公布自己的工作成果。”

最初，我制订的这个计划遭到了大家强烈的反对，但经过讨论，大家最终决定接受这个挑战。当时如果没有制定团队愿景，大家可能还会继续争论不休。大家在接受这个计划之后都有了很大改变。

为了让下属能够更加支持这个具有挑战性的计划，我**对员工评价指标进行了相应的调整**。我请示了我的上司调整评价指标这件事，取得了他的同意。我主张员工除了完成自己的销售额，还要能够帮助客户增加收益，并且还将这两点作为员工评价指标。我通过这种做法提高了下属的工作热情。

一年以后，我们对工作成果进行了公布，出现了很多非常成功的案例。我们有一个客户拥有一家年销售额达400亿日元的公司，通过我们公司的招聘服务，该客户成功地扩大了业务，用了八个月的时间增加了36亿日元的销售额。

⊙ 不考虑“是否能做”，要考虑“是否想做”

虽然公司并没有对我提出什么具体的要求，但是我对公司的理念已经有了深入的了解，所以自主地制定了团队的愿景，并且制订了有具体时间规定的挑战性计划。

组织与人一样，如果只完成容易实现的目标，那么是无法成长的。而且，可轻松完成、难度低的目标不具有挑战性，会让工作变得平淡。人们只有为了理想而工作，才会从中感受到更多的快乐。至少，领导者应该把“是否能做”的问题放在最后考虑。

领导者应该最先提出“打算挑战某项工作”。之后，下属就会提出各种意见，大家一起讨论。大家进行讨论的过程也非常重要。如果没有这个过程，下属就会感到是在被迫工作。最后，领导者要和下属一起思考具体的挑战性计划。

如果下属提出反对意见，领导者可以这样反问：“如果这个工作没有任何风险的话，你还会有想试一试的念头吗?”“那好，咱们先把风险列出来。”即使下属不能成功完成挑战性计划，结果也大致就是下属留下一些遗憾。

挑战性计划的内容可以不拘一格。领导者**要思考如何通过为下属制订富有挑战性的计划，让下属在十年之后说出“当时的工作经验让我受益至今”。**制订富有挑战性的计划的意义就在于此。

领导者为了能够把下属的能量集中到一起，需要为下属制订在固定的时间内完成的具有挑战性的计划。

05 领导者要构建保证下属顺利完成工作的机制

【内部运营的视角】

下属能力不足、缺乏技能，领导者总是可以找出许多工作业绩不佳的理由。领导者要建立机制来保证缺乏技能的下属也可以很好地完成工作。

这种领导力在当今社会是非常重要的。

⊙ 什么是标准化流程

你是否了解标准化流程？标准化流程能够让任何人在没有掌握熟练技能的情况下，根据相应的流程就可以很好地完成工作。

下面，我举个典型的例子。一个电视节目中介绍了这样一件事情。日本高级餐馆赤坂璃宫的主厨花费十年时间磨炼出来高超的烹饪技术。电视节目的内容是要求主持人按照菜谱来制作那位主厨的菜肴。出席节目的嘉宾们试吃主持人和主厨做的菜之后，对两位做的菜都给予了很高的评价。结果，嘉宾们都没能吃出哪个是主厨做的。

就像上述例子那样，**标准化流程保证任何人在没有掌握相应的技能的情况下都可以很好地完成工作**。

以销售业务为例，员工只要按照标准化流程去做，都可以做出成绩。以会计业务为例，员工只要输入数字，就能得到想要的报表。

人工智能（AI）其实就是一种标准化流程，其终极目标就是让人的努力与技能不再起任何作用。

我们可以试着为自己的工作制定标准化流程。

⊙ 业务操作手册

领导者可以制作业务操作手册，让每个下属手中都有一本“秘笈”，下属只要按要求操作，就能很好地完成工作。

领导者可以将高绩效者的工作流程整理编写入业务操作手册，让每个人都能实践与模仿。通过调查，我们可以发现，高绩效者的工作方式与其他人有着很大的不同。大家可以按照以下方法去试一试。

①了解高绩效者的工作流程。

②了解每个工作流程中的步骤。

商务洽谈的标准化流程如图5-3所示。

日期　　　　　　　　　　公司名

员工要了解参加洽谈的客户有何目的。
员工要征得客户同意，了解下述问题。

状况

1. 员工要了解客户对其他公司产品的评价，客户对我公司产品的评价。
2. 员工要了解“客户选择我公司产品的理由”。
3. 员工要了解客户需求。
4. 员工要了解客户使用我公司产品的情况。
5. 员工要了解客户对我公司产品的前景的看法。

把握问题

6. 员工要了解有关我公司产品的负面问题，包括客户的不便、不满、不安。
7. 员工要了解客户对我公司产品的改进意见。
8. 员工要了解客户提出改进意见的理由。

确认影响

9. 员工要了解搁置解决有关我公司产品的负面问题会产生什么影响。

授权提案

10. 员工可以让客户给出产品改进的提案。

图5-3　商务洽谈工作的标准化流程

员工将图5-3中的问题了解清楚，就可以很好地完成商务洽谈工作。

当然，**不仅限于商务洽谈工作，大家可以对所有类型的工作中的高绩效者的工作流程及步骤进行整理**。建议大家试一试。

⊙ 领导者要思考不会让员工为难的工作方法

即使员工有了业务操作手册，如果不能切实贯彻，那业务操作手册也没有任何意义。员工不能切实贯彻业务操作手册的一个原因是“没有时间”。如果大家调查一下，会发现员工加班的情况非常多。领导者可以通过确定合理的人均工作量来解决员工没有时间的问题。

如果员工实际的人均工作量已经超过了合理的人均工作量，领导者就要增加员工数量，或者调整团队成员的工作量分配，或者考虑其他的办法，比如由公司总部集中力量完成工作、将工作外包等。

我建议领导者为员工**建立可以顺利开展工作的机制，这是领导者的一项重要职责。**

领导者要努力消除缺乏标准化流程的工作、不必要的工作以及让下属为难的工作。

领导者要思考合适的方法，保证在员工缺乏技能、工作不努力、无法花费太多时间的情况下也能完成工作。

06 领导者如何改变下属的行为习惯

【内部运营的视角】

很多公司员工都是对照着公司的评价指标来工作。如果一项工作未被列入评价指标，无论领导者如何强调工作的重要性，下属可能也无法很好地完成这项工作。如果领导者对评价指标进行调整，三个月之内，下属的行为习惯就会发生变化。

⊙ 调整评价指标可产生的效果

如果领导者不调整评价指标，下属的行为就不可能改变。这是我的信条。

人绝不会轻易改变自己的行为习惯。让一个人放弃自己已经轻车熟路的工作方式，无论是谁都会不情愿。但是，**如果领导者调整了评价指标，下属就会立刻改变自己的行为习惯。当领导者希望员工改变行为习惯时，应该把培养新的行为习惯与评价指标挂钩。**

当然，领导者要想改变人事制度是非常困难的。不过，领导者可以考虑不改变制度本身，而是运用制度改变下属的一些行为习惯。

我这样说是有理由的。那是因为，公司员工都习惯于随着评价指标的改变而改变。为了避免大家产生误解，我在这里需要强调一下，我并不认为员工这样做有什么不好。评价指标就是公司对员工的期望，所以员工参照评价指标来工作的做法没有问题。

但是，公司中**经常会出现一种情况，那就是领导者要求下属去努力完成未被列入评价指标的工作，从而导致下属无法很好地完成这类工作。**我以加班为例进行说明。加班总是不能被消除的一个重要原因就是有加班费。在加班时，员工每小时的薪酬会增加25%，也就是说，公司这是在鼓励员工加班，加班被列入了员工评价指标。这样，员工当然不会停止加班。

因此，领导者需要运用制度来改变下属加班的情况。有的公司规定：每个月如果员工加班的时间超过30个小时，即使员工的工作还没有完成，公司也强制要求员工休息，并且这会对员工评价指标完成情况产生影响。也有的公司规定，加班的员工没有资格获得嘉奖，并且这样的公司数量正在增加。还有的公司规定，按时下班的员工能得到更高的奖金。所以，在这些公司工作的员工就会主动地思考“如何才能按时下班”。

领导者只要把希望下属改变的行为习惯列入评价指标，下属的行为习惯在三个月内就会发生变化。

首先，领导者要考虑“是否能调整评价指标”。

07 领导者最初应该重视员工之间对话的数量

【学习与成长的视角】

如果团队成员不能畅所欲言，那么团队自然就不能正常运作。

领导者首先要做的就是为团队成员营造畅所欲言的氛围。

⊙ 成员对话较少的团队为什么无法顺利开展工作

在很多团队中，员工之间都不闲聊，或者很少有工作之外的对话。主要原因就是员工们太忙了。

员工人均工作量在增加，公司还有规定限制加班，员工们可能确实没有时间聊工作之外的事情。但是，**在一个团队刚刚开始运作的时候，员工之间对话的数量是极为重要的**。

大家可以参考描述团队的发展阶段的**塔克曼模型**，如图5-4所示。

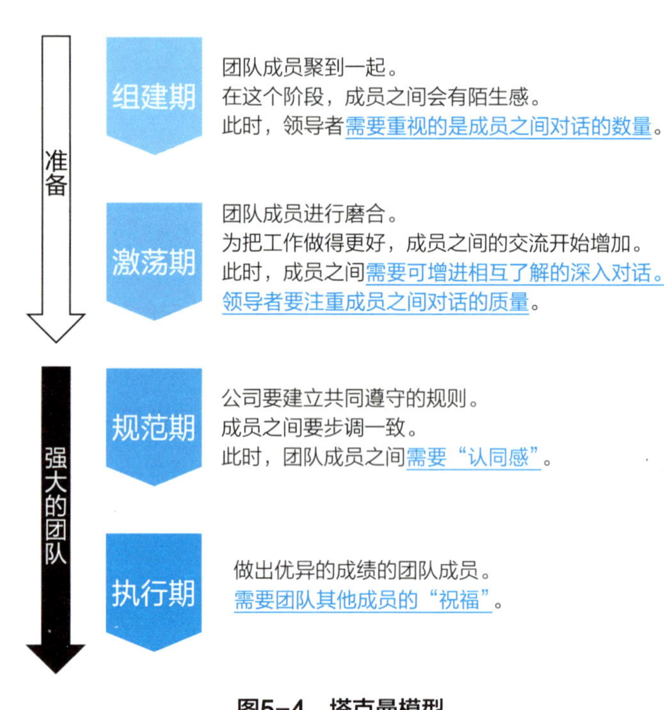

图5-4　塔克曼模型

团队发展的第一阶段是组建期。在这个阶段，员工之间还有陌生感，领导者如何帮助员工消除这种陌生感是关键。不过，领导者也不需要做什么复杂的事情，只要保证员工之间有对话的时间就好。例如，员工一起吃午饭时进行交流，这就能产生很好的效果。

⊙ 成交率上升13%的客服中心

下面，我介绍一个实验，该实验针对经营客服业务的“你好热线公司”[①]进行。组织这个实验的单位是日本日立中央研究所。

实验的内容是，让该公司年龄相仿、背景各异的员工一起吃午饭（四个人为一组），结果该公司的业务成交率上升了13%。这是因为员工之间的交流增加了，各种信息可以在公司内扩散。一个公司中的员工们会分成多个“看不见的、联结松散的组织”，只要让这些组织之间的关系变得更加紧密，信息的流通就会更加畅快，从而提高公司的生产率。也就是说，员工**总和固定的人交流是没有意义的**，不同组织的员工进行交流才是重要的。

有的公司除了把吃午饭的时间作为员工交流的时间，还把会议开始前的5分钟作为员工之间互相交流的时间，以此来促进员工之间建立良好的关系，提高员工的满意度。领导者可以尝试任何促进员工交流的方法。希望大家能找到新的方法来促进员工之间的交流。

---

① “你好热线公司”，现在为瑞莱尔通信设备有限公司（Relia Communications Equipment Co. Ltd）。——译者注

⊙ 员工满意度较高的公司具备的特点

员工满意度较高的公司具有一个共同的特点，那就是领导者与下属**至少每个月进行2~3次面谈。**

“合掌苑”是位于日本东京都町田市的一家看护机构，因为员工辞职率基本为零而被誉为奇迹。在这家机构，领导者每个月都要与下属面谈几次。在我的客户负责的一家大型网络软件公司里，领导者每周都要与下属之间进行一次面谈。Link and Motivation Inc.的“员工满意度调查”结果显示，该网络软件公司的员工满意度分值为80左右，满意度非常高。

领导者与下属面谈的时间在10分钟左右即可，谈话的内容可以是询问下属“遇到什么困难”这类问题。我的那个负责大型网络软件公司的客户是这么说的。

有时候，领导者与下属没有什么可聊的，实在没有办法了，可以让下属汇报一下近况。

在团队刚组建的时候，或者员工之间还不熟悉的时候，领导者可以试着增加员工之间对话的“数量”。领导者首先要做的就是为员工营造易于谈话的氛围。

领导者要尽量创造机会来增加员工之间对话的数量。

08 领导者要为员工创造相互了解对方的机会

【学习与成长的视角】

当团队发展进入“激荡期”，领导者应该重视增进团队成员之间相互了解的程度，帮助他们互相了解彼此的想法。

我建议领导者可以举办为期半天或一天的员工培训。虽然大家是同事，但其实都不太了解彼此的想法。

⊙ 在“激荡期”，领导者应该重视员工之间的对话质量

团队有时会出现混乱的情况，其混乱的程度会超出想象。团队成员会形成一个个小的组织，有时还会发生一些小的矛盾。但是，领导者完全不用为此担心。这只能说明团队进入了“激荡期”（图5-5）。

这个时候，只保证团队成员之间对话的数量就不行了，领导者需要更加注重团队成员之间的对话质量。团队成员相互了解“对什么会感到喜悦”“对什么会感到不满”“擅长做什

准备

团队成员聚到一起。
在这个阶段，成员之间会有陌生感。
此时，领导者<u>需要重视的是成员之间对话的数量</u>。

团队成员进行磨合。
为把工作做得更好，成员之间的交流开始增加。
此时，成员之间<u>需要可增进相互了解的深入对话。</u>
<u>领导者要注重成员之间对话的质量。</u>

强大的团队

规范期

公司要建立共同遵守的规则。
成员之间要步调一致。
此时，团队成员之间<u>需要“认同感”</u>。

执行期

做出优异的成绩的团队成员。
<u>需要团队其他成员的“祝福”</u>。

图5-5　塔克曼模型（激荡期）

么”“今后想做什么”，诸如此类，**大家相互关心彼此的想法与感受，这就保证了对话的质量**。实际上，我自己有这方面的经验。当时，我知道我的团队正处于“激荡期”，所以我很清楚自己应该做什么。下面，我介绍一下我当时采用的方法。

⊙ 一天时间就能提高团队成员对话质量的方法

为了增进员工之间的相互了解，我建议**举办为期半天或一天的员工培训**。

通过平时的日常对话，员工之间相互了解的程度其实只停留在表面。

我当时使用了一种强大的诊断工具来帮助大家增进彼此之间的了解程度，那就是“优势识别器”（Strengths Finder），如图5-6所示。我们使用的是免费版的优势识别器，可以粗略地识别出每个人的优势。不过，我们也可以使用其他方式进行优势识别，如图5-7所示。优势识别器的种类很多，所以这些人被识别出的几个优势相互矛盾。

有的人擅长“积累知识”，有的人擅长“思考新的创意”，有的人擅长“在团队中与人协作”，这些都是被识别出的优势。如果领导者对一个擅长积累知识的人说：“知识积累得已经够多了，现在需要马上行动起来。”这等于完全否定了这个人的优势。

如果领导者对一个人的现状及价值观有所了解，那就能深入地理解这个人的想法。

在员工培训的过程中，领导者要问员工以下四个问题：

优势识别器是由从事舆论调查及组织咨询的美国盖洛普公司开发的一款用于识别优势的工具。在我还是公司职员的时候，我的领导兴奋地说：“优势识别器挺好用。”我也在网上听了相关的课程。获取优势识别器的方法有两种，并且都非常简单。我选择了购买书籍的方法（方法1）。

方法1 购买带存取码的书籍。

方法2 从盖洛普公司官网直接购买存取码。

■ 带存取码的书籍

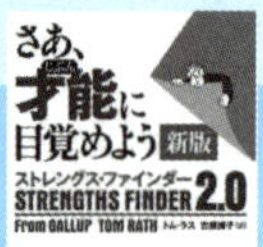

《发现才能 优势识别器2.0》
汤姆·拉斯（著）
日本经济新闻出版社

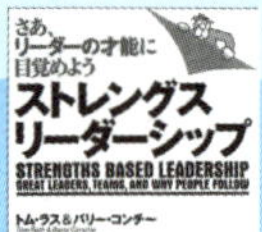

《优势领导力 发现领导才能》
汤姆·拉斯 巴里·康奇（著）
日本经济新闻出版社

大家也可在指定的网站输入存取码、电子邮箱地址（或密码）获得优势识别的结果。你能够了解到三十四个优势中的前五个优势。

顺便说一下我的结果。

共享全体团队成员的结果

第一 有战略思维　第二 完美　第三 积极

第四 有行动力　第五 有追求

图5-6 优势识别器®

事先填写

回顾自己的工作积极性受什么因素影响。

回顾工作经历（从进入社会开始至今）。

总结在什么样的情况下自己的能量得以充分释放，以及在哪些情况下能量未能充分释放。

年份	事件	低←充实度→高	发挥的能力 • 充实度较高时 • 充实度较低时	有什么感触
2006	入职公司		和谐	我看到新同事获得了成长，感到很高兴。我为自己成为经验丰富的老员工感到高兴
2008	负责部分工作		竞争 伯乐	我感到自己的成功给周围的人注入了活力
2009	主动要求承担工作		和谐	我明白了每个人都要扮演好自己的角色才能让团队成功
2010	获得嘉奖			因组织结构发生变化，我想进入的部门已经不存在，我对此感到有些伤感
				我忘掉了过去的经验，全身心投入到新的工作中。对此，我感到有些吃惊

■我获得充实感时，事件的共通因素是什么？

■我获得充实感时发挥的能力是什么？

■我通过什么样的机会让自己的充实感从“较低的水平”提升到“较高的水平”？另外，我通过做什么事情才抓到了这个机会？

共享

共享大家的结果

图5-7　优势识别表

①你对现在工作的满足度如何?

②什么样的工作让你感到十分满意?

③你在什么时候能够感到喜悦? 你是否曾经感到过喜悦?

④你工作积极性较高的时候，是什么样的优势起的作用?

如果员工人数不是很多的话，一两个小时就能完成培训，不妨尝试一下。

我作为一名培训讲师，向很多企业介绍了这个方法，每次的结果都一样，那就是大家惊叹彼此之间竟然如此地不了解。当然，如果大家一起工作时间足够久，就能逐渐变得更加熟悉彼此，但是，如今的工作节奏已经越来越快，这就要求员工在尽可能短的时间里加深互相了解的程度。

团队进入“激荡期”后会出现混乱的情况。领导者要花费时间来加深员工之间的相互了解，从而促进团队的进一步发展。

09 领导者要让每个下属都成为主角

【学习与成长的视角】

领导者不能独自努力，因为公司的主角不是领导者。

有能力的领导者会通过赋予员工明确的职责来引导大家发挥出各自的力量。

⊙ 领导者要培养自己的参谋

领导者要有自己的参谋吗？所谓参谋，就是扮演领导者的“助理”或者“代言人”的下属，如果领导者没有自己的“参谋”，我建议马上开始培养。

首先我来介绍一下参谋的作用。当领导者要做一件新事情的时候，大概率会遭到下属们的反对。通常这符合所谓的“2∶6∶2法则”，即2成员工“赞成”，6成员工“不发表意见”，2成员工“反对”，一般会出现这样的结果。这个时候，领导者先要去影响那6成不发表意见的员工。如果不发表意见的6成员工出现变化，那么持反对意见的2成员工也必然会发生变化。这个时候，领导者的参谋站出来说一句“我们别无选择”要比领导者自己讲出来更有效果，可以快速逆转局势。

我本人就有多次被参谋出手相救的经历。前面章节提到的案例，我在让员工接受挑战性计划的时候，也是我的参谋帮我逆转的局势。当时，员工们的反应就符合“2：6：2法则”。2成反对者态度非常坚决，因此形成了僵持不下的局面。就在这个时候，我的参谋站出来为我讲话了：“我认为应该支持挑战性计划。现在，我们虽然没遇到什么问题，但是不能保证三年以后我们不会遇到问题。我们没有理由不支持这个计划。”就这样，我的提案被大家接受了。

领导者没有必要直接说出：“你就是我的参谋。”当然，领导者说出来也无妨。领导者可以经常与某名下属一起探讨问题，能够在一起商讨事情的亲信其实就是参谋。如果身边有这样的人，领导者就能获得很多帮助；如果身边没有参谋的话，领导者应该赶快培养。

大家可以试一试，在最近半年或一年的时间，与自己的下属共享信息并在一起商讨事情。两个人思维方式会变得越来越接近。

⊙ 领导者要让每个人在团队中都有相应的职责

只靠参谋一人的努力是远远不够的。领导者不能把下属分成主角与配角，应该让每一名下属都承担相应的职责。

让员工承担相应的职责会更利于员工在团队中发挥自身价值。

领导者可以当着大家的面对做出成绩的员工提出表扬。例如，领导者可以说："通过高桥的工作，改进提案数提高了5%。"这样，员工的工作热情就一定会大大提高。

团队中的主要职责有以下这几个方面。

【团队成员的职责】

- 思考的职责（思考新办法）。
- 制作的职责（制作工具及资料）。
- 主持会议的职责（推进会议进程）。
- 公关的职责（扩大影响）。
- 慰问的职责（策划慰问活动）。
- 学习的职责（分享有用信息）。

例如，为了让团队变得更好，团队中可以有负责思考活动方案的员工，也可以有负责普通策划书的员工。

有的公司还会把主持会议的工作交给员工去做，这样比领导者主持会议更能激发员工的积极性。领导者可以把主持会议的工作交给负责公关的员工，也可以交给负责策划慰问活动的员工。

我还曾经让一名下属负责从《日经新闻》和《日经流通新闻》（现在为《日经MJ》）上摘录对工作有用的信息并分享给其他员工，这可以帮助大家培养学习习惯。

当然，可以一人身兼数职，也可以由多人轮流承担一项工作。总之，领导者可以先确定各项职责，然后让每个人分别承担相应的工作，这样就一定能够激发员工的主动性，让员工觉得自己努力工作可以推动团队的发展。

领导者为了让员工在团队中发挥自身价值，就要让他们每一个人都在团队中承担一定的职责。

10 让员工获取更多感谢的方法

【学习与成长的视角】

领导者对员工表示感谢时，员工当然会非常高兴。如果同事或客户对员工表示感谢，那么，这可以表明团队的“感谢机制”建设得不错。

获得别人的感谢，能激发员工的工作热情。

心理学家亚当·格兰特有关感谢的研究是这样阐述的：当员工获得领导者的感谢或支持时，员工的工作效率就会提高。

如果这个说法是正确的，那么领导者就应该思考如何才能让员工获得感谢的次数最大化。这里，我向大家介绍一下如何让员工得到最多的感谢。

领导者可以帮助员工获取三类感谢（图5-8）。

第一类感谢来自领导者。

领导者应该对员工说：“感谢你的努力，你帮了我很大的忙，谢谢。”领导者至少应该一周讲一次或者两周讲一次诸如此类表示感谢的话。除此之外，领导者还有以下机会表达

感谢次数

||

来自“领导 × 同事 × 客户”的感谢

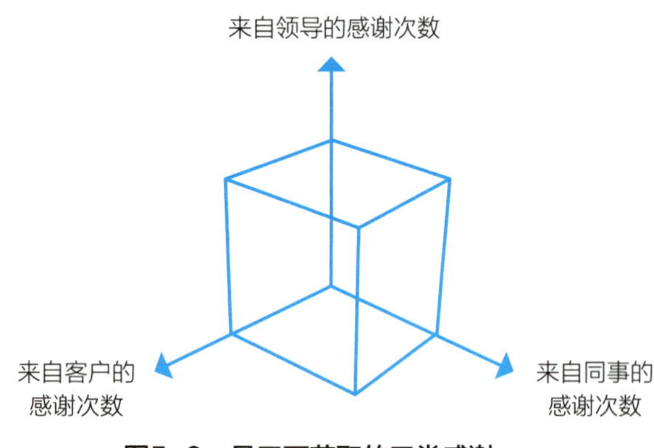

图5-8　员工可获取的三类感谢

谢意。

- 领导者要每半年为成绩出色的员工颁发一次优秀奖。
- 领导者应该每周通过社交媒体或电子邮件发送对员工表达感谢的信件。
- 在早会上，领导者一定要向员工表达感谢。

就像上述这样，领导者要养成表达感谢的习惯，这是一种激发员工工作热情非常有效的方法。

第二类感谢来自同事。

对于员工来说，同事的感谢有别于领导者的感谢，同事表达感谢可以让员工感到自己已经融入团队之中。这种感觉被称为“与组织的契合感”，据说可以起到提高团队凝聚力的作用。

除此之外，员工之间还有以下机会表达感谢。

- 在单位里员工之间相互进行表彰。例如，大家集体选出的最佳员工。
- 员工之间互相为彼此准备表达感谢心情的感谢卡。
- 员工生日时，同事们送蛋糕表示祝贺，并借此机会表达感谢。

以上都是可以尝试的方法。

第三类感谢来自客户。

公司可以通过问卷调查了解到客户的想法、公司产品在网络中的口碑，以及直接获得客户的意见，整个公司要对这些信息进行共享。这样不但可以提高员工的自信心，还可以激发员工的热情。

现在，人们普遍关心产品或服务是否对社会有用，所以，让员工了解来自客户的反馈十分重要。

- 公司可以收集客户的评价（问卷调查、拜访客户等）。
- 公司可以通过社交软件或电子邮件向员工发送客户的评价。
- 公司可以将客户评价贴在墙上。

能让员工切实感到高兴的机会其实并不多。公司一定要按照计划收集客户的评价并对其进行共享，这样可以增加员工的自信心。

公司可以按照以上三个方面建立感谢机制，而领导者就是这项工作的总指挥。

领导者要有计划地帮助员工获得更多的感谢。

第6章

如何成为善于决策的领导者

01 领导者要善于决策

领导者延误了做出决策的时机，这种情况可能并不少见。领导者根据“现场的氛围”就当即做出决策，之后又感到后悔，这种情况也很常见。领导者要有自己的决策原则，在任何情况下都要坚持原则不动摇，这一点非常重要。

⊙ 不善决策的领导者会让问题变得越来越多

“把做出决策的时间向后拖延”是领导者容易犯的一个错误。由于领导者贻误了决策良机，问题变得更加严重，这种情况是经常发生的。

日本著名的餐饮业顾问小野寺诚[①]先生这样说：“有能力的领导者能预先想到员工会辞职，并在其辞职之前就开始招聘新的员工。而没有能力的领导者则是在员工辞职后才开始招聘新的员工。”我曾向他请教过他这番话的意思。他告诉我：“没

① 小野寺诚，株式会社Fast10法人代表。——译者注

有能力的领导者往往都是在疲于应付工作，没有精力思考太多，所以会试图通过诸如告诉员工‘每周能来工作一天就可以’的权宜之计来留住员工。但是，被这种权宜之计吸引过来的人，即使留在公司，也发挥不了什么作用，而且这样的人马上就会辞职不干。到头来，领导者的这种做法只会降低公司的服务质量，造成无法挽回的损失。”

领导者延误做出决策的时机，就相当于放任细菌繁殖，导致问题变得越来越严重。

因此，领导者**应有较高的风险意识，要预先想到有可能出现的情况。如果领导者认为现在就有必要对可能发生的情况采取一些应对措施，那么即使采取应对措施会额外消耗一些资源，也应该立即行动起来**。

⊙ 领导者要制定绝不动摇的决策原则

领导者做决策时，并不是只有果断是重要的。领导者**基于一时的压力或气愤情绪，做出冲动的决定，这可能会让下属做很多无用的工作，甚至遭受失败**。

公司里经常发生这样的事情。员工为了完成目标，会恳求客户购买本不需要的产品，员工也会自行购买本公司的产品，还可能篡改数据等。**为了不被一时的压力所左右，员工也**

应该制定绝不动摇的决策原则。这样就不会轻易地做出错误的决定。

接下来介绍一下一线领导者应该有的决策原则。

【一线领导者应有的决策原则】

- 从客户的视角出发，与公司内部情况相比，领导者应该更注意思考“客户怎么想”。
- 从公平性的视角出发，领导者要考虑交易额相同，但折扣率不同的类似情况，因为从长期来看，不公平的情况会对业务造成不良影响。
- 从风险的视角出发，领导者要思考最坏的情况，并尽早着手预防该情况的发生。
- 从贯彻目标的视角出发，领导者要确认所做的决策是否偏离了公司目标。
- 从收益的视角出发，领导者要考虑所做的决策是否可以为公司带来收益，不做不产生收益的事情。
- 从承受能力的视角出发，即使领导者决策失败，公司的损失也应在可承受的范围内。
- 从长期的视角出发，领导者不应该只从眼前的利益出发来思考问题，而是要考虑长久的利益。

⊙ 领导者不要在需要妥协的情况下做决策

有时我们不得不在需要有所取舍的情况下做出决策。

我们选择保证产品数量，则产品质量会下降；我们选择保证工作效率，则效益就无法保证。在这种存在悖论的情况下，我们需要有所取舍。

管理学家加里·哈默尔说过：**“我们应该争取实现的是两者兼得，而不是有所取舍。”**这其中有一些技巧。**为了实现两者兼得，我们需要找到“第三条道路”。**如果妥协于有所取舍，我们的工作就无法取得突破性的进展，会把许多可能性拒之门外。

下面，我以某家劳务派遣公司销售部门的年轻领导者的做法为例进行说明。大家可以一起思考一下。

【案例】这位销售部门的领导者所处的工作环境描述如下：

- 为了开拓新的客户，销售人员需要拨打很多通销售电话。
- 根据计算，销售人员每个人一天需要拨打100~200通销售电话。但是，这样的话，销售人员工作强度过大，会导致辞职率上升。
- 如果领导者选择将业务外包，每一通销售电话都会产生相应的费用。

因此，外包人员拨打的电话数量越多，该业务的成本也就越高。
但是，这个业务属于新业务，公司无法承担过高的成本。

如果情况是这样，你会怎么做呢？

那名年轻的领导者想到的“第三条道路”是这样的。首先，这名领导者把电话销售业务外包。但是，签订的合同不是以拨打电话的数量来计费，而是以成交量来计费。这样一来，即使外包人员拨打电话的数量增加，该业务的成本也不会上升。对外包公司来说，只要外包人员能够有效地提高成交率，那么就可以拨打更少的电话，获得更高的利润率。为了达到这个目的，外包公司还要提供足够的有电话销售经验的人员及目标客户信息。

这位年轻领导者接下来要做的就是寻找合作伙伴了。有一家外包公司非常痛快地接受了这位领导者提出的这些条件。最终劳务派遣公司的销售业务得以顺利展开，一开始这位年轻领导者的团队成员只有4个人，在四年后的今天，他管理的员工人数已经接近100人。

领导者在需要有所取舍的情况下做决策时，**不要轻易妥协，要习惯于努力寻找“第三条道路”。这其实也是推动企业进步、事业发展的好机会**。

领导者在犹豫不决时，要按照自己的决策原则来做决策。所以，领导者首先要制定决策原则并坚决执行。

02 领导者应参照商业理论做决策

有这样一个格言：愚蠢者从经验中学习，聪明者从历史中学习。很多著名的商业理论都已经得到了历史的证实。有能力的领导者可以果断做出决策，就是因为他们在决策的时候参照了这些著名的商业理论。

⊙ 星野度假酒店的星野佳路总裁是怎样做出决策的

星野度假酒店的星野佳路总裁总是能够果断地做出决策，他的思考方式很值得我们学习。在一次座谈会上，有人就“决策原则”向星野佳路总裁提问，星野佳路总裁是这样回答的：我的一个重要的决策原则就是参照商业理论。我认为商业理论是靠得住的，因为商业理论都是被证实的真理，也就是所谓的事物发展的一般规律。[①]当遇到问题的时候，我首先要思

① 笔者根据GLOBIS知见录“G1新世代领导者峰会2018‘对G1-U40要说的话’”（GLOBIS知見録「G1新世代リーダー·サミット2018『G1-U40へのメッセージ』」）视频资料中星野佳路总裁发言部分总结的摘要。

考一下这个问题究竟适用于什么商业理论。此时，最重要的就是要参照商业理论来处理问题，不能有意识地选取有利于自己的部分作为依据，要全面地运用理论。

星野佳路总裁的这段话说得非常真诚。2018年的G1新世代领导者峰会上，星野佳路总裁做了演讲，哈佛商学院的竹内弘高教授对星野佳路总裁是这样评价的："星野佳路跟我一样。我们两个都是迈克尔·波特[①]的支持者。"另外，星野度假酒店还开展了许多讲授商业理论的培训活动。这些事实都说明了了解商业理论的重要性。

领导者一定要先掌握基本的商业理论。"通过选择与集中来确定要做的事情""竞争优势非常重要"，大家可能都听过这样的话。"选择与集中"和"竞争优势"分别由彼得·德鲁克[②]与刚才提到的迈克尔·波特提出的，在了解这些理论的人看来，如果不把要做的事情限定在一个可行的范围内是极其危险的。

⊙ 领导者在最初阶段应该掌握的商业理论

接下来，我来介绍一下领导者在最初阶段应该掌握的

① 迈克尔·波特是管理学家、哈佛商学院的大学教授、竞争战略之父。——译者注

② 彼得·德鲁克是现代管理学之父。——译者注

一些商业理论。不过我们不可能对这些商业理论进行详细的讲解，在这里只简单地说一说这些商业理论的大致内容及其作用。

①经营战略、市场营销的理论

- SWOT分析：制定经营战略时，领导者要考虑所处的经营环境如何？
- 成长战略：公司要在什么领域发展？公司要进入新领域还是留在原来的领域？
- 竞争战略：公司的竞争优势是否明确？
- “4P”营销组合：公司推进竞争战略的“具体战术”是什么？

②企业管理的理论

- 平衡记分卡：要从哪些视角出发来对公司进行管理？详细内容见本书第5章。
- 人力资源管理：为了降低离职率、完成业绩，领导者需要采用什么办法？领导者如何规划公司最初的人员配置、培训、薪酬？
- GROW模型：领导者如何消除下属的被动工作的情况？详细内容见本书第4章。

③财务的基础理论

- 损益表：公司的销售额、毛利率、营业收入是多少？公司是否存在成本浪费的现象？

当然，上述这些理论只是诸多商业理论中的一部分，对相关知识有较多积累的人一定会说“除此之外还有很多理论”。但是，对于一线的领导者来说，他们了解这些理论与否会使其决策质量有较大的差异，这一点是不争的事实。

如果大家对此有兴趣的话，可以买一本介绍商业理论架构的书籍来阅读。如果大家想进一步学习的话，建议进入商学院深造，或者通过学习取得中小企业诊断师[①]的资格。大家为取得这个资格而进行学习，即使最终未能通过考试，也能给自己的工作带来很大的帮助。

有些人虽然未能成功取得中小企业诊断师资格，但通过学到的相关知识在公司内提高了自己的影响力，或者利用自己学到的知识及专业技能成功创立了自己的商务咨询公司，这些人的收入甚至比获得中小企业诊断师资格的人高得多，这种反转现象在现实生活中非常普遍。

也就是说，大家是否取得中小企业诊断师资格其实并不

---

① 中小企业诊断师，日本的一种证书。——译者注

重要，是否能够把学到的知识运用到实践当中才是关键。

在某一个时期，大家能够集中精力学习一段时间商业理论，这一定可以成为自己的财富。当我们刚刚成为领导者时，就是我们开始学习商业理论的最佳时机。

领导者不要靠经验来做决策，而是要根据商业理论来做决策。

03 领导者要思考问题的着手点是什么

没有能力的领导者习惯直接从具体对策开始思考，并总是失败。能够不断做出成绩的领导者在思考具体对策之前，会去努力找到真正的问题着手点，从而发现正确的对策。

⊙ 有能力的领导者不会先思考具体对策

如果领导者靠突然闪现的想法做决策，会付出不必要的代价。下属执行领导者的决策，为此付出了艰辛的努力却得不到回报，那么下属就会对领导者失去信任。

首先，**当领导者面对需要解决的问题时，不要先考虑具体的对策，应该先找到问题的着手点**。什么是问题的着手点？很多人都不知道问题与问题的着手点的区别。对此我们可以这样总结一下。问题就是“期望的状态”与现状之间的差距。问题的着手点就是“解决问题需要什么”，也就是打开成功之门的钥匙（因素）。

我们看一下图6-1中的第一步。这幅图对做出“劣质”决策的领导者与做出“优质”决策的领导者的不同之处进行了解释。做出“劣质”决策的领导者会直接开始思考对策，这些人的口头禅是“根据我的经验”“因为我在别的公司做过这个事情”“因为我的领导说要这样做”，这些领导者的思维非常狭隘，所以这样的领导者根本无法给出好的对策。

⊙ 领导者如何找到真正的问题着手点

做出“优质”决策的领导者会先去找出问题着手点，在此基础之上，提出几个应对方案，然后从效果的角度出发，迅速做出选择。详细的流程如图6-1的第二步、第三步所示。

图6-1的第三步中显示了一个案例，目前公司的离职率为30%，领导者希望把离职率降至10%。那么，领导者首先要确定问题的着手点。我们了解到，如果能将“入职后三个月内的离职率降2/3”，那么公司最终的离职率就能保持在10%左右。领导者能想到这一步，问题的着手点就比较明确了。

接下来要拿出备选的问题着手点。在这个案例中，共有三个备选的问题着手点，分别是“预防新员工入职后产生对理想与现实差距的不满”“对新入职员工表示热烈欢迎”“为新员工提供体验成功的机会”。

第一步，先思考问题的着手点。

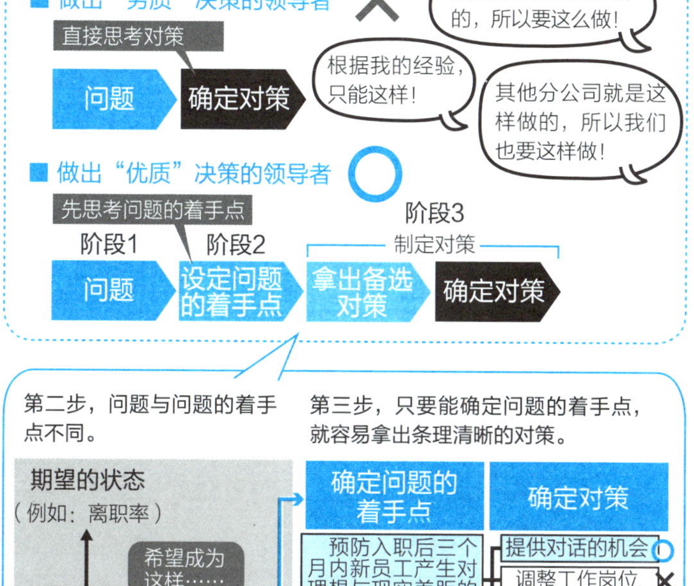

图6-1　训练判断力，成为找到真正的问题着手点的人

然后，领导者对离职理由进行分析，把问题的着手点锁定在“预防新员工入职后产生的对理想与现实差距的不满”。在此基础之上，领导者要列举若干个备选对策，从中选取最有效的一个。

怎么样？就像这样，领导者**从思考问题着手点入手，就能做出“优质”决策**。

建议领导者去尝试一下锁定，这样，做出的决策质量一定会有所提高。

领导者不要直接思考问题的具体对策。
领导者在想要解决一个问题的时候，首先要锁定问题的着手点。

04 当领导者无法做出判断时该如何做

当领导者难以做出决策的时候，可能会向后拖延做出决策的时间，这种做法是危险的。当然，领导者也不能草率地做出决策。首先，领导者要制定决策原则，规定在遇到这种情况时应该怎么做，这一点非常重要。

⊙ 回归目的

领导者越是急切地想要做出决策，就越容易偏离本来的目的。这个时候，领导者就更需要**回归本来的目的，重新思考一下“为什么要做出这个决策”。**

例如，我在做销售部经理的时候，部门发生过这样的事情。

我的一名下属对我说：“伊庭经理，我正在洽谈一个新项目，这个项目的年销售额可能会达到30亿日元，我可以继续推进这个项目吗？”

当时，销售部门的年销售额在50亿日元左右，所以，这个新项目对我们来说具有相当大的诱惑力。但是，我问了这名下属关于新项目的具体内容，原来该项目的内容并非我们公司主要经营的招聘服务业务，而是我们公司完全没有做过的电视广告及互联网广告业务。这名下属说：“我可以承接到大型广告代理公司的业务。”我很佩服这名下属的销售能力，但是我们公司的主营业务是招聘服务。这名下属确实很有做销售的天赋，我甚至觉得他很有可能做成这个项目。我请示了我的上司，得到的答复是：“你自己决定就可以。”经过仔细的考虑，我最终决定不做这个项目。我决定不做的原因列举如下。

- 我们的团队愿景是“通过为客户招聘到理想的员工来帮助客户发展事业”。围绕着这个愿景，我们把业务锁定在招聘服务上。
- 如果这名负责新项目的下属辞职了，我们没有机制可以保证完成这个项目。这个时候我们就需要成立新的部门，还要对新部门的员工进行必要的培训。
- 这个新项目的30亿日元的年销售额当然很有诱惑力，但是从长远来看，这个新项目会让我们偏离自己公司的主营业务。而且，这个项目也不能让我们公司的优势得以发挥。所以即使我们把这个新项目做成功了，可能也是暂时的。
- 如果我们公司是一家刚刚成立的创业公司，我认为完全可以尝试这个新项目，但实际上我们的主营业务的年销售额已经超过2000亿日元。

基于以上的理由我做出了放弃这个项目的决策，就此我向下属进行了详细的解释。下属说："确实是这么回事。"并且，他爽快地放弃了这个项目。当时，如果我选择推进这个项目，有可能很快就会以失败告终。我们对电视广告及互联网广告业务完全不熟悉，对其前景无法做出判断。至少我认为在那个时间点，我们应该集中精力做好公司的主营业务。

这件事情让我明白了不违反既定的决策原则的重要性。

⊙ 领导者仍然无法做出决策时该怎么办

即使回归本来的目的，领导者也有可能还是无法做出决策。这种情况下，领导者可以选择问一问别人，可以问下属，也可以问自己的上司，这是领导者通常的做法，但**我推荐的方法是向"能基于理论做出判断的第三者""非常了解现状的第三者"征求意见**，这样的人可以是上大学时的学长，也可以是朋友或其他部门的老员工，最应该向过去的老领导征求意见，他们一定能够提出一些观点独特的建议，而这些建议往往都是领导者自己容易忽视的。

不知道大家是否听说过一些领导者或者政治家会去向占卜师征求意见，他们并非想得到预言的指引，他们真正的目的是想听一听旁观者的看法，以此来为自己做出决策找到一些根据。

我们不用去找什么占卜师，周围一定就有可以向其征询意见的朋友。不妨去听一听他们怎么说。

⊙ 向孙正义学习“立即行动”

要说具有先见之明的人，就不能不提软银集团的总裁孙正义。他启动或投资了许多还是未知数的项目，面对这样高难度的抉择，他还是能够非常果断地做出决策。

实际上，孙正义有自己的原则：**只要能够预见到一个项目的成功率在七成，那就可以做。五成太低，九成太高。**

怎么样？这个原则是不是可以作为我们的参考原则？我们可以做一下推演，如果觉得有七成把握能够成功，那就可以先在小规模的范围内尝试一下。接下来我们将介绍如何在小规模的范围内进行尝试。

领导者无法做出决策的时候，不要把问题束之高阁，要“立即行动”起来。

05 领导者要在没有风险的范围内进行实验

如果遇到必须要通过实践来检验决策正确与否的项目时，领导者应该采用“精益创业”（Lean Startup）的方法，在不存在风险的范围内进行反复实验，从而找到一些获得成功的线索，这种做法是当前国际上的通用做法。

⊙ 领导者可以通过“精益创业”的方法来判断决策正确与否

了解了“精益创业”之后，领导者就要通过这种方法来锻炼自己的决策力。所谓“精益创业”是美国企业家埃里克·莱斯首先提出的一种帮助人们顺利创业的方法。

领导者如果有了创业的想法，不要把时间花费在推演可行性上，要在较短的周期内给出假说、对其进行验证（小实验），并且不断重复这一过程，以此来探索成功之道，这就是精益创业。

著名案例有Instagram（照片墙），这是一款社交应用程序，其主要功能是照片分享。Instagram最初是一款名为Burbn的位置签到应用程序。不过，当初Burbn并没有获得什么关注，其创始人在经过一系列改进实验之后，发现了分享照片功能非常受大众欢迎。最终，Burbn变成了现在非常受欢迎的Instagram，其具有上传照片、评论、点赞等功能。

我们还可以把“精益创业”这种方法用于研判具有一定挑战性的项目。

下面，我来具体解释一下“精益创业”。

⊙ 在一线运用“精益创业”的方法

我们先要知道如何运用“精益创业”这种方法。如果用语言解释“精益创业”的话，大致为以下内容（图6-2）：

- 如果领导者有好的想法，先建立一个雏形（Prototype），然后进行**“小型实验”**，此时不要考虑做法是否有道理。
- 领导者在没有风险的范围内通过实验对自己的想法进行**验证**。
- 领导者对于实验结果进行学习，决定接下来要做什么，从**“推进”“停止”“再实验”**中做出选择。
- 最后，领导者对实验结果进行确认。

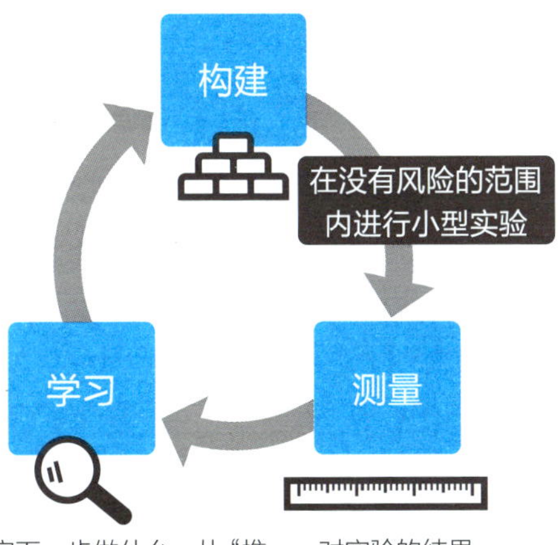

图6-2 “精益创业”

下面，我介绍一个实际的案例，这个案例来自我个人的经历。当时我还在一家公司工作，是一名部门经理，我觉得：早会就是白白浪费时间。因为我感觉早会流于形式，所以决定取消早会。但是早会早已成为公司的惯例，我取消早会的做法无疑是在触碰禁区。我征求了我的领导的意见，他不同意，他认为取消早会影响士气。因此，我收回了彻底取消早会的想法，提出了我心中的第二方案“每周进行两次早会”，并且获得了他的同意。我们通过一个月的实验对第二方案进行了验证。公司不开早会的时候，很多销售员工早上不用去公司了，他们可以直接去见客户，这样一来，业绩就提高了，员工的士气没有降低，而且工作能够提前完成，加班减少了，从实验结果来看，反而提高了员工的士气。

同时，大家也希望有机会了解整个团队的动向，所以每周举行两次早会的决定完全符合员工们的意愿。就这样，我们的早会就变成了每周两次。

在你的公司里，你一定也有“想要消除的禁区”以及“很难实现的想法”。这个时候，你可以用“精益创业”的方法进行实验。

如果领导者采用模糊不清且缺乏积极性的应对方式，会被员工认为是优柔寡断。所以，建议领导者果断地开始“小型实验”来对自己的想法进行验证。

领导者不能因为项目存在未知数就选择不做，可以采用“精益创业”的方法进行小型实验。

06 领导者不要拘泥于“自己的正确答案”

有的人具有工匠精神，非常在意一些细节，但是这样的人往往无法成为一名合格的领导者。每个人的优势、个性、想法可能都不一样。领导者把自己在意的事情强加给下属，这会阻碍下属发挥才能。

⊙ 做具体工作出身的领导者容易失败的原因

人力资源管理问题的意见领袖之一、赛博代理人（Cyber Agent）公司董事曾山哲人的一篇采访录（*Logmi*，2017年4月27日）阐述了做具体工作出身的领导者容易失败的原因，采访的主题是：成为领导者之后的注意事项。

在采访中，曾山哲人说：“领导者不要把自己的做法强加给下属。做具体工作出身的领导者经常会失败，也是因为这个原因。有能力的领导者会让下属去思考该如何做。缺乏能力的领导者则只知道把自己的做法强加给下属。”这番话点出了问题的本质。

当日本棒球选手铃木一郎还是新人的时候，指出其击球技术不正确且需要纠正的是当时执教欧力士队的土井正三教练，该教练曾是巨人队九连胜时期的主力选手。

横山康看了年轻的Downtown[①]的漫才[②]表演，说出："这种格调不高的内容是不能讲的，哪能当着人的面讲啊。"当时的横山康正处于艺术巅峰期。

做具体工作出身且做出一定成绩的人都会有丰富的经验，所以经常会指出别人的问题。但是，设想一下，如果铃木一郎与Downtown当时都接受了针对他们的批评意见，是不是一件令人感到很可怕的事情？那样，他们就绝不会有现在的成就了。

领导者不仅不应该拘泥于自己的经验，还**应该和别人一起思考超出自己经验范围的方法**。

不能否认，现在二十多岁的年轻人有害怕出错的倾向，但是他们中规中矩的想法之中也会有闪光点。如何处理他们的这些想法？那就看领导者怎么做了。

---

① Downtown，日本著名漫才组合。——译者注

② 漫才，日本的一种站台喜剧形式，类似中国的对口相声。——译者注

要点

领导者只对自己能够理解的事情表示赞成，这种做法是错误的。
领导者应该乐见不同的想法。

07 无畏失败的秘诀

有的人畏惧失败，有的人不畏惧失败，这种差异不是“勇气上的差异”，而是思考问题时“目光长远与否的差异”。如果从长期来看，眼前的失败可能是成功的垫脚石。

⊙ 不把“失败看作失败”的人们

有一门学科被称作“失败学”，该学科研究如何利用失败的经验来提高成功率。

从事“失败学”研究的日本东京大学研究生院原特聘教授滨口哲说过：“从过去的案例来看，创新失败的概率为99.7%。”[①]我觉得这个失败率确实高了一点，但是，我对失败率高这件事没有异议。

也有很多人根本就不承认失败这回事。

例如，松下创始人松下幸之助就曾说过这样的话：“我认

① *Works*，第99期。瑞可利职业研究所。

为大家失败的原因是在成功之前就主动放弃了尝试。”①

京瓷集团创始人稻盛和夫是这样说的：“世间并不存在什么失败。只要你还在继续挑战，那就没有失败。当你放弃的时候，才是真正的失败。”

前面介绍过的星野度假酒店的星野佳路总裁也说过类似的话：“大家思考问题的时候要把目光放长远，有时候会出现按照理论去做却遭遇失败的情况。但是，如果把遭遇的失败放到一个较长的时间段去看，会发现失败是成功中的一步。贵在坚持。大家坚持不懈地去做，直到成功，也就不存在什么失败了。”

也就是说，这些人都认为**“如果从长期来看失败，那么实际上失败也就不是失败，而只不过是通向成功的其中一步”**。

⊙ 一种被称作“失败知识”的资产

前文提到的滨口哲说过这样的话：“失败学就是‘向失败学习’。在创新的过程中，大家一定会遭受失败，但我们不应该就此结束，要把失败的经验有效地利用起来，然后防止再次失败，以此来提高创新的效率，这就是失败学的出发点。”

滨口哲还说过：“向失败学习，需要**把失败的经验转化成**

①《领导者的条件》，松下幸之助，PHP商务新书。

失败知识。”他还用煤矿事故来举例说明。如果大家仅把“煤矿发生了粉尘爆炸”这一现象记下来，那么只有极少数人能从事故中学到东西。

而如果把失败这个现象转换成知识，那就是：粉尘的单位体积表面积较大，所以遇到大量氧气就会爆炸。这种表达方式就能让很多人把事故当作教训来记忆，并在今后的工作中加以注意。

也就是说，从长远来看，失败就是实现成功过程中的一步。因此，我们对失败进行反思并从中吸取教训，有利于我们获得成功。

⊙ 算出失败的概率

如果大家还是有顾虑的话，可以模拟计算一下出现最坏结果的概率。

我们设想一下这样的场面。假设你正在策划能让公司起死回生的促销活动，情况很严峻，如果促销活动失败，你会被降职，你因此惴惴不安，无法做出决策。这个时候，你可以假设“成功与失败的概率各为一半”，如图6-3所示。

五个50%相乘之后的结果大约是3%，也就是说，促销活动失败，你被降职的概率大约只有3%。这时，你就能明白，

- 促销活动失败的概率→一半（50%）
- 未能完成目标的概率→一半（50%）
- 指责你的声音变得强烈的概率→一半（50%）
- 会被调离该项目的概率→一半（50%）
- 最终被降职的可能性→一半（50%）

图6-3　失败的概率

担心自己会被降职是不必要的。

如果你有顾虑，通过数字计算出失败的概率就好。你会发现，绝大多数情况都没有什么风险，只是你自己想得太多了。

大家要想变得不再畏惧失败，就应该养成从大局中“俯瞰”失败的习惯。

08 不做无用的工作

我们要想不做无用的工作，就要先了解无用工作的判断标准，这一点非常重要。

当我们所做的某项工作被确定为无用的时候，我们应当果断地停下来。

⊙ 苹果公司创始人史蒂夫·乔布斯对谷歌公司创始人拉里·佩奇说的话

“决定不做什么与决定做什么同样重要。”[①]这句话出自尽人皆知的苹果公司联合创始人史蒂夫·乔布斯。

实际上，谷歌公司的联合创始人拉里·佩奇向乔布斯请教如何经营时，得到的答案也体现了乔布斯一贯的观点：“决定不做什么，这就是经营。”这段话已经广为人知。

然而，**我们多数情况都是在“决定做什么”，而不是决定**

① 《史蒂夫·乔布斯Ⅱ》，沃尔特·艾萨克森，讲谈社。

“不做什么”。

时代已经改变。有一件事情让我切实地感到了这种变化。我曾为一家大银行的600名分行行长做过一次关于时间管理的演讲，开场时，这家大银行的总裁讲了这样的话：“请大家记住，把时间都用在工作上的时代已经彻底结束了。现在，我们要兼顾工作与个人生活，而且都要在工作中做出成绩。所以，大家今天要认真听老师授课，然后将学到的内容付诸实践。”

我演讲的时间不算长，但是主办方还希望能通过视频的形式让这家大银行附属企业的经理们也听一下。

⊙ 两周内员工就提出了120项无用的业务

在我的培训课程中，有一门帮助大家提高生产率的培训，其主题是“大家一起决定不做什么”。我会向学员们介绍4项“判断工作无用的标准”，如果一项工作符合其中任何一项标准的描述，我们就可以把这项工作确定为无用的工作。

“判断工作无用的标准”：

- 即使我们不做这项工作也不会对“客户满意度”造成影响。
- 即使我们不做这项工作也不会对“员工满意度”造

成影响。

- 即使我们不做这项工作也不会对“风险管理”造成影响。
- 即使我们不做这项工作也不会对“业绩”造成影响。

某公司的一个部门有60名员工，在接受完我的培训之后，根据我提供的“判断工作无用的标准”，开展了公司内部业务改进计划比赛，旨在找出公司中存在的无用的业务。员工们在两周之内就提出了120项无用的业务及相关改进方案。

实际上，这家公司还模仿了日本岐阜县未来工业（日本白色企业大奖获奖企业）“员工每提出一项改进方案就可获得500日元奖励”的做法，不过即使没有奖励，我相信大家也会提出改进方案。另外，这个方法虽然会产生一些成本，但是按照“500日元×120件提案”计算，一共需要60000日元，这个数额是高还是低，可能仁者见仁、智者见智，我个人认为非常便宜。

我有一个建议。根据“判断工作无用的标准”，**大家可以试着制作一份“无用工作一览表”**。例如：开会、提交文件等，可以减少的工作其实很多。相信大家一定可以找到原本不需要做的工作，并提交相关的改进方案。

整个部门的员工可以一起思考改进方案，一起制作“无用工作一览表”。

这样，员工的工作时间一定可以大幅缩短。员工们也一定会因此感到高兴。

员工们可以一起制作“无用工作一览表”。

本章参考文献

[1] 『自 問 力のリーダーシップ（グロービスの実 感する MBA）』、鎌田英治、ダイヤモンド社.

[2] 『THE21』、2015年1月号、PHP研究所.

[3] 『スティーブ・ジョブズII』、ヴォルター・アイザックソン、講談社.

[4] 『失敗の本質——日本軍の組織論的研究』、戸部良一ほか、中公文庫.

[5] 「ダメなリーダーは「自 分のやり方を押し付ける」試 行 錯 誤を続ける男の、チームで勝つ極 意」、「ログミー」2017年4月27日、曽山哲人氏インタビュー.

第 7 章

当领导者感到孤独时，该如何做

01 领导者的孤独

领导者获得领导力的过程被比喻为“旅行”。旅途中，领导者会感到孤独，不过，这只不过是领导者在旅行中遇到的考验而已。当领导者知道前方会出现一片新天地的时候，感到孤独就不再是一种考验，而是成长的机会。

⊙ 为什么领导者会感到孤独

有的人在成为领导者之后，会立即感到孤独。

领导者会感受到自己与下属之间存在距离，获得自己领导表扬的机会减少，需要独自解决问题等，总之，在成为领导者后会有很多的变化。

这个时候，领导者可以这样想：**真正的领导力养成之旅终于开始了。**

获得领导力的过程就像是一次旅行。

领导力研究的权威人士、日本一桥大学研究生院的一条和生教授所著的《领导力的哲学》（东洋经济新报社，该书的内容为12位著名经营者的采访录）中有这样一段：每个人的人生都会有高峰与低谷，只是程度有所不同而已。尽管如此，所有关于领导力养成的故事都没有以悲剧告终，这是因为领导者即使感到痛苦也对未来充满希望、坚持前行，直到走出困境。

领导者在获得领导力的过程中，确实有感到非常孤独的时候，有时下属会不听指挥，自己的领导也可能不理解自己的做法。但是，无论什么情况，**只要成为领导者，所有事情的责任最终都要由领导者自己承担，这没有什么办法**。

普通员工能得到很多保护，可是领导者就不太可能了。所以，领导者要面向未来，凭借自己的力量走出困境。

⊙ 当领导者感到孤独时该怎么办

大家可能都看过日本电视节目《我家宝贝大冒险》。这个节目跟踪拍摄2~3岁的孩子独自一人到附近的店铺为家里买东西的过程，即使路程只有5分钟，但对幼小的孩子来说，这也是一种“冒险”，有的孩子甚至会在中途大哭。不过，购物归来的孩子会非常自豪地把买来的面包、蔬菜交到妈妈的手中。他们还会说：“我一点儿都不害怕。”从此以后，这些孩子就可以一个人去为家里买东西了。

领导力养成的过程也是一样。**领导者感到孤独的时候，**

想哭的时候，就是促使自己成长的时候。

接下来，我来介绍一下领导者防止自己感到悲伤的技巧。领导者需要做的有以下三点：

- 领导者不要为能力不够而感到悲伤（不考虑自己是否适合做领导者等）。
- 领导者要改变看问题的视角（要从其他视角看问题、从长期来看问题等）。
- 领导者要改变做法（向别人求教、尝试去做等）。

当工作遇到困难的时候，领导者只要重复以上三点，就一定能够摆脱困境。

我在培训工作中接触了很多在企业中从事管理工作的人。这其中无法摆脱困境的人往往都喜欢“强调自己的正当性”。当工作进展不顺利的时候，很多领导者可能会觉得只要找到正当的理由，自己就能摆脱责任。例如，“因为产品不行，所以没办法”“因为下属不努力，所以没办法”“因为经济不景气，所以没办法”。但是，一名领导者讲这种话没有任何意义。领导者一定要想：那该怎么办呢？产品不行的话，该怎么办？下属不努力的话，该怎么办？这些都是领导者需要思考的问题。

本章介绍的一些方法，可以帮助领导者消除孤独的感觉。

要点

领导者感到孤独时不要悲观，应改变看问题的视角，改变自己的做法，这样必能迎来光明。

02 战胜“荒谬”

有的时候，你可能会遇到荒谬的事情。而且，这种时候，周围的人也不会对陷入困境的你给予太多关注。但是，只要你战胜了“荒谬”，你就会获得一笔巨大的“财富”，而这种“财富”是通过其他途径无法获得的。

⊙ 弄清楚“不讲理”与“荒谬”的区别

某家企业的领导跟我说过这样的话：**“不讲理和荒谬不一样。对于不讲理的事情，我们没有必要去理会。对于荒谬的事情，我们可以克服，而且在克服之后还能让我们变得更强大。”**

不讲理的事情是指有人遭到不合理的对待，本没有错却被说成有错，被强迫接受无法实现的要求，也就是说，人的尊严遭到了践踏。

而荒谬的事情是指一个人没有什么过错，但却陷入窘境。例如，一个人遇到了什么特别倒霉的事。这种情况基本上都是由于外部原因导致的。

假设，你出任某部门的负责人，这本来是好事，但是你却发现这个部门已经“病入膏肓”，而进行整改又需要花费很多时间。你把这件事向领导汇报，他却对你说：“这可不行啊。你必须尽快处理好。”那这就是荒谬的事情。这就像是你爬梯子，发现你爬过的那部分梯子被人给撤了。大概就是这种感觉。不过很遗憾，荒谬的事情在现实中确实会发生。这是因为**现实情况瞬息万变，我们无法左右**。

领导者要做的就是主动承担相应的责任，包括如何应对出现的问题。

不过，大家可以这样想：只要能够战胜“荒谬”，自己就会强大起来。

⊙ 荒谬的经历可以成为财富

实际上，我也遇到过一些荒谬的事情。这里我仅举一例。

我在公司工作的时候，曾有过一次被撤销职务的经历。但是，我并没有犯什么错误，不仅如此，我的工作态度还很认真，人事考核的成绩也不错，属于经常受到表扬的员工。我问当时的领导：“我是被降职了吗？”他回答：“并不是。你要理解。”

当时正值经济急速下滑的时期，整个公司的状况也发生了巨大的变化。我经常会想“为什么偏偏是我被撤职”，我想过辞职，但最终还是改变了想法，如果从其他的角度来看，其实这也是一种历练。我决心把这次经历变成十年后的财富，于是就继续埋头工作。虽然有点儿自卖自夸的感觉，但是通过这件事，我感到自己为人处世的能力得到了提升，在培养领导力的道路上向前迈进了一大步。

这让我明白了即使遭遇了荒谬的事情，也仍旧有很多人在努力工作。这也让我有了即使在孤独之中也绝不动摇的工作原则。时至今日，我仍然从中受益良多。

这件事情还有后话。我从那家公司辞职后，向已经退休的公司高层领导询问过我被撤职的事情的经过。我们两个人都已离开原来的公司，所以可以坦诚地讲述那件事情。一聊才知道，原来还有我不知道的内情。“什么？你不知道？那就是一个临时的调整而已。你还会恢复职务的。你竟然不知道？理由就是因为对你的评价挺高的。实际上啊……”

经过这位退休的高层领导的详细讲解，我才知道，原来我并没有什么过错，只不过当时整个公司正在进行临时性调整，又赶上我所在的部门正好被列为需要缩小规模的部门。听了这位退休领导的话，我都快晕倒了，这就相当于给我撤职的那些人闭着眼睛在橙汁和苹果汁之间进行选择，最后选了橙汁，仅此而已，我就是这样被免去职务的。

我终于摆脱了多年来的罪名，我的心绪却十分复杂。不过对于这段经历，我还是心存感谢。我相信在获得领导力的过程中，这是最好的考验。

⊙ 著名的领导者也遇到过荒谬的事情

现在，我已经成为给各行业的头部企业提供领导力培训的讲师，看到那些在工作中过于顺风顺水的人，我反而会为这些人感到有些可惜。

前面提到的一条和生教授在其著作《领导力的哲学》中介绍了12位著名经营者的故事，这些故事可以作为很好的参考案例。

玉塚元一（罗森[①]前首席执行官）曾被旗下拥有优衣库品牌的迅销公司[②]创始人柳井正选为接班人，并担任了迅销公司总裁。但是，仅仅过了三年，他就被迫辞职，这件事情已经广为人知。“我的能力还不够。”这是玉塚元一在回顾这件事情的时候总结的原因。虽然他现在是一名成功的职业经理人，并且已经是经济领域中的风云人物，但在当时，他可能还没有足够

① 罗森，特许经营连锁式便利店。——译者注

② 迅销公司，日本的零售控股公司。——译者注

的能力。

藤森义明（骊住集团前首席执行官）也有类似的经历。他曾得到杰克·韦尔奇[①]的赏识，出任美国通用电气公司的副总裁，毫无疑问，他是一名顶级的职业经理人。之后，他的经营成果得到认可，被聘为骊住集团的首席执行官。但是没过多久，他就辞去了骊住集团首席执行官的职务。据说，他积极推行的M&A[②]投资在公司内部遭到反对，最终导致他被迫辞职。

还有很多类似的例子。例如，史蒂夫·乔布斯亲手创办了苹果公司，但却被其下属解雇，之后又再次就任苹果公司总裁。巨人队终身名誉教练长岛茂雄在刚刚成为教练的时候，因为球队成绩不佳而不得不选择辞职。就连松下公司创始人松下幸之助也曾有过被开除公职的经历。

这样的例子多到写不过来，基本上所有的著名领导者都曾遇到过自己无法左右的、荒谬的事情。我们介绍的这几位著名领导者有一个共同之处，那就是他们都再次被邀请出任要职。

就像一条和生说的那样："即使大家感到痛苦，也对未来充满希望并坚持前行，直到走出困境。"这样的信念让那些著

① 杰克·韦尔奇，美国通用电气公司CEO。——译者注

② M&A，指企业并购。——译者注

名的领导者最终能够东山再起。

因为领导者有荒谬的经历，所以才能在理解下属感受的同时，做出看似残酷的决策，而且他们对自己现在的处境可以保持谨慎的态度，也能把个人的得失置于一边，全身心地去完成自己的使命。

荒谬的经历可以教会我们用心去理解我们遇到的事情。

如果领导者遇到了荒谬的事情，要明白这就是领导力养成的好机会。

03 领导者只要牢记“2：6：2法则”，就不怕反对意见

一名领导者不需要得到所有人的认同。领导者在进行创新时，一定会出现反对的声音，有时甚至会言辞非常激烈，但是无论如何，一定不会出现所有人都持反对意见的情况。当领导者感到困扰的时候，想一想“2：6：2法则”，就能明白持反对意见的人占少数，进而可以重拾勇气。

⊙ 即使出现反对声音，领导者也不要在意

领导者在进行创新的时候，有的人总是持反对意见。有时，甚至还可能出现不接受领导者管理的下属。但是，领导者要注意的是不要太在意这些人。

当然，为了了解现状，领导者应该广泛听取意见，但是绝不要寄希望于得到多数人支持甚至得到全员一致赞同。应该进行什么样的创新要由领导者来做出决策。因此，领导者必然会与反对者展开对峙。这个时候，领导者只要知道多数情况都适用“2：6：2法则”，就能明白只有少部分人持反对意见，

因此，也就不会感到恐慌。

“2：6：2法则”的含义是这样的：赞成者占2成，持观望态度者占6成，反对者占2成。此时，如果领导者只看到“持反对意见的2成人”与“漠不关心的6成人”，被孤立感就会涌上心头，因为8成人（几乎全部）都不支持自己。但是，反过来看，领导者也可以认为“反对者只占2成”，这样感受就完全不同了。

首先，领导者要笼络持赞成意见的2成人，以这些人为基础，想办法让6成持观望态度的人转而支持自己。这样，剩下的2成反对者就占少数了，他们将不得不改变自己的意见。

⊙ 领导者如何增加赞成者

领导者如何获得更多的赞成者？大家可以参考以下这个咨询公司的案例。

在某咨询公司中，年轻的咨询顾问会被派往客户企业，在一线对客户企业进行指导，而且一定会有老员工同往。当年轻的咨询顾问尝试新的做法时，老员工会站出来说：“你们这帮什么都不懂的年轻人不要乱出主意。”针对老员工的做法，年轻的咨询顾问首先要做的是一定要让老员工觉得“这个年轻人是认真的”。

因此，这个案例中的年轻的咨询顾问**首先应该做的就是比别人多流汗**。

下面，介绍一下我曾经采访过的一家咨询公司的案例。

在这家咨询公司中，有一位领导者每天第一个到公司，开始打扫卫生，当同事来到办公室的时候，他会主动打招呼："今天也请多关照啊。"该领导者以此来表示自己非常重视这个工作、这个团队。

还有一位领导者为了加深对工作的了解，成为全公司走访客户最多，同时也是最了解客户的人。这位领导者向同事展示走访了多少客户，还凭借向同事传达客户的评价和意见，提升了自己在公司里的影响力。

领导者可以通过上述方法打好一定基础之后，再向大家表示："我与大家重视的东西是一样的。但是，为了保住我们都非常重视的东西，我们必须要做出改变。"之后，领导者**在听取2成赞成者意见的基础上，决定接下来要做什么。在这个过程中，领导者要把6成观望者拉过来，并赋予其一定的职责**。如果观望者被委以重任，工作热情就会高涨。当然，对2成反对者，领导者也要赋予一些职责，并与其保持沟通，不过不要指望这些反对者马上就改变。

另外，领导者可以为2成赞成者举行让大家畅所欲言的会议及培训活动，一起商讨"应该怎么办"，这也是很有效的做法。如果听了2成赞成者的发言，6成观望者也会被感染。

即使存在反对者及不理解自己做法的人，领导者也不用焦虑。

领导者首先要做的就是稳定住赞成者。

要点 **领导者在遭到反对意见时，首先要稳定住最初的2成赞成者。为此，领导者要以行动给大家做出示范。**

04 领导者不要以地位压人

有的领导者对自己的领导和客户言听计从，但对下属却十分严厉，见到这样的人，你做何感想？你应该不想在其手下工作吧。领导者要记住，下属对领导者的此类做法是十分敏感的，其敏感程度远远超出领导者的想象，至少比领导者想象得严重十倍。

⊙ 为什么下属不愿意听领导者的指挥

谁都不想成为没有威望的领导者。

缺乏威望的人经常这么说："让下属去做。""没把……给我做了。"在现在这个时代，上述这样的领导者已经很难指挥得动下属了。因为在这个时代，大家都非常重视认同感。

说上述那些话的领导者，**大多都认为下属应少说废话，自己让他们干什么，他们就应该干什么**，但现在已经完全不是以前那样的时代了。而且，当下属不听从这些领导者指挥时，他们还会这么想：真是烂泥扶不上墙。这种人不能再用了。

这样一来，就不会有人愿意在这样的领导者手下工作。最终，他们会成为孤家寡人。当然，领导者必须要坚持自己的原则，有工作不去做也是不行的。20世纪60年代以前出生的领导者大致都是在“必须服从上级”的环境下成长起来的，所以，他们可以毫无顾忌地说出前面提到的那些话。

但是，时代已经发生了巨大的变化。当今，员工换工作已经不是什么新鲜事。有大量可以让员工产生认同感的公司可供他们选择。

因此，只要员工觉得“我跟这个领导合不来”，基本上一切就结束了。这名员工及其周围的人，可能都会选择另谋他就。

然后，这样的领导者就做不出任何成绩，而且还会越来越被孤立。

⊙ 领导者要视下属为“专业人士”

最近，我发现了一个规律。那就是，**在餐馆用餐时对服务员态度蛮横的人，对自己的下属也比较蛮横**。

在服务员点餐比较慢时，这些人会说：“喂，还让我等？”

当餐具掉到地上时，这些人会吆喝：“让服务员给拿走。”

这样讲话的人对下属的态度也基本上好不到哪去。有的人因为自己有点儿地位，就不把别人当人看。我们应该都不想成为这样的人。

好吧，回到工作的话题。首先，**无论对谁，领导者都不能以地位相压，要把对方视为“专业人士”并给予应有的尊重**。具体来说，领导者要注意自己的说话方式，可尝试转换自己的说话方式，如下文所示：

“让……去做。”→“请……去做。”

“你为什么没做?” →“你没做的理由是什么?”

“你们……”“大家……”→“我们……”

“你不会答应一声吗?（你是不是得说一句我知道了?）”→“你有什么不明白的吗?”

“自己的事情自己想去。”→“你认为该怎么办?”领导者在对下属进行提问、启发的时候，可以这样问。

大和控股（Yamato Holdings）公司的“倒金字塔”组织图可以为我们提供参考。该公司的官网上有这样的内容。

“大和的组织图是倒三角形的。最上面的是客户，其次是负责运送货物、接待客户、开发新产品的销售配送人员。之后是领导者，领导者负责给一线工作人员提供支持。大多数权限都被转移至一线”。

这个案例就是领导者把每一名下属视为“专业人士”的典型案例。

如果领导者把下属看作自己的私有财产，那他就必然会成为一个孤独的角色。如果领导者把下属视为“专业人士”，就能避免陷入“茕茕孑立”的困境。

领导者不要把下属当作“手下”，要当作“专业人士”来尊重，平时还要注意对下属的说话方式。

05 当领导者感到孤独时，可以在书籍中寻求答案

人们得了感冒就需要吃药，同理，人们在工作中遇到了烦恼，就需要读书。书籍的作用就相当于药。实际上，只要读书，人们就能发现解决问题的办法有很多。如果有人运气好，能够阅读到非常好的书，那就等于遇到了医术高明的名医。

⊙ 解决问题的办法有很多

我们经常能够听到这样的话："我们遇到问题时，不要试图立即从书里寻找答案，要先用自己的头脑思考答案。"不过，我认为完全可以从书中寻找答案，并通过模仿书中的方法来解决问题。

因为与其一个人烦恼，不如从书中获得更多的启发。大家可以从书中获得类似以下这样的启发：

- 大家可以从理论中获得启发，这样自己需要做的事情会变得明确。
- 大家可以从作者的亲身经历获得启发，例如，了解有

多少种方法可以阻止利润下滑。

- 大家可以从书中获得勇气，因为大家从书中了解到有的人在更困难的情况下都能挺过来。

阅读书籍的最大好处是不需要为此花费太多时间。在短时间内，大家就可以从书中摘取自己需要的知识，这一点非常重要。短则一日，多则数日，大家在阅读中就能获得有用的启发。

⊙ 书架就是药箱

我有过这样一种感觉，书架就是药箱。下面，我介绍一个有效的办法就是，大家**可以把书架看作是药箱。根据具体的症状（问题的着手点），大家可以像拿药一样取出合适的书籍**。

我从我身旁的书架里找到了很早以前买的《身边那些“烦恼之人”的精神分析》（小此木启吾，大和书房）。我记得，当时我遇到一个难缠的同事，为了找到解决的办法而阅读了这本书。领导者有时候很难放下面子去向别人请教，所以可以试着自己从书中寻找答案。

如果你想得到一些商务活动方面的启发，那商务类书籍就是你的良药。如果你阅读有关商业战略的书，可能就能够重新认识“选择与集中”“竞争优势”等理论的重要性。在读书的过程中，你会突然明白：哦，原来做不出成绩是因为竞争优势及针对的对象都不明确啊。

如果你想得到一些勇气，建议去读一读介绍经营者的书籍。因为成功的背后总有许多曲折，其困难程度远超你的想象。读了这类书，就能让你意识到自己的那点儿烦恼其实算不了什么。“就连史蒂夫·乔布斯都曾经遭自己的下属解雇。但是，之后他又成功地复出了。那么，我遇到的这点困难算什么呢?”你也可以从书中获得类似的启发。

历史类的书籍也能给你带来启发，**以历史事实为基础创作的小说，对主人公的人生进行演义，可以让读者通过阅读来体验历史人物建功立业的过程。**软银集团的孙正义曾说过：“我在15岁时读了《龙马来了》，那时感觉自己茅塞顿开。”

⊙ 大家要反复阅读可受益终身的书

如果我们发现了可受益终身的书，这是一件非常幸福的事情。这些书可以为我们指点迷津。

著名的管理咨询顾问小宫一庆先生说他曾反复研读《开拓》（松下幸之助，PHP研究所），而且每次阅读都会有新的发现。

当你想获得启发时，应该去书店转一转，随意翻一翻书。当你发现好书时，要立即买下，从中获取你想获得的启发，哪怕只有一两处。我相信你很快就能从书中找到解决问题的办法。

当领导者感到迷茫时，应该去书店翻翻书。

06 领导者要增加与公司外部人士的联系

如果你被迫离开现在供职的公司，有没有信心继续自己的职业生涯呢？我可以断言，你绝对不会有问题的。但是，你自己可能并不确信自己没有问题，所以会感到焦虑。

如果你只与公司内部的同事有联系，那焦虑感一定会一直伴随你。

⊙“村民意识”会增加孤独感

随着职务级别的提高，领导者思想上可能会出现某种冲突：如果从道德的角度考虑，这件事情不应该做。但是，为了公司，这件事情又不得不做。

如果领导者一直在一个非常封闭且狭窄的领域里，不管自身多么优秀，都可能做出不理性的判断，领导者一定要意识到这一点。

当你担任了一定的职务并肩负相应的责任时，**一定要积极地去接触各种价值观**，这一点非常重要。

日本公司常被讽刺为“村庄社会”。维基百科是这样解释“村庄社会”的：保持着以有权势者为顶点的层级结构以及传统秩序的排他性社会。

我曾经去日本某家大型汽车制造公司时，就感到了那个公司是一个“村庄社会”。我看到那个公司的董事长带领着众多下属沿走廊阔步走来。其间，整个走廊都被封锁，来访的客人也被拦截住，只能看着董事长从自己眼前走过。这家公司后来不断出现违规问题，每次都被媒体报道。但是，这家公司的很多员工都非常优秀，而且对人也很好，我十分欣赏他们，可以说那些员工都很值得尊敬。

所以，我们只能认为是这家公司内部的压力导致员工谨小慎微且做出不正确的判断。

⊙ 领导者要接触不同的价值观

领导者面对着巨大的压力，与能力相比，处事圆滑、视野开阔更加重要。

为了不做出错误的判断，领导者要养成从“其他角度”思考问题的习惯，不能只知道本公司的情况。这对一名领导者来说是必需的。领导者**要积极地与其他公司的人保持接触，让自己获得学习机会，这本身也是工作的一部分。**

畅销书*Life Shift*（作者是琳达·格拉顿等人）中有这样的内容：今后，需要有“探险者”的舞台，“探险者”是指通过与各种各样的人接触，**接受众多不同的价值观，并整合成自己的价值观的人。“探险者”这种“熔炉”式的经历受到推崇**。

在瑞可利管理咨询公司创办了许多杂志并被称为“创刊男子”的仓田学的著作中有这样一段话：“大家要把会见的时间优先给那些‘与自己距离较远的人’。”这句话表述出了人们要与不同价值观的人接触的重要性。

做销售工作的人就比较幸运，这些人可以在日常的工作中与不同的客户进行交谈，还可以接触到新的价值观。当然，即使是做内勤工作的人，也可以通过参加读书会、讨论小组的活动来扩大自己的接触范围。

领导者不要觉得一旦被打入“冷宫”就彻底完了，所以就不得不去做一些事情。领导者要从更灵活的角度来思考问题，这一点已经越来越重要。

当领导者感到压力巨大的时候，如果能有多元化的价值观，就可以从更加开阔的视角下做出判断，压力也会随之缓解。

人们在成为领导者后，要养成接触具有“不同价值观”的人的习惯。

07 领导者要展示弱点

领导者总是严肃认真，就无法拉近与下属之间的距离。一名领导者必须要有的不是智慧，也不是精于世故，而是“烟火味”。所谓“烟火味”，其实就是让别人知道自己也有弱点。所以，领导者不必掩盖自己的弱点。

⊙ 初任领导时容易犯的错误

如果你认为自己是领导者，不应该让别人看到自己的弱点，不能让别人看到自己出丑，此时你就要引起注意了。有些领导者让人感觉十分无趣，这些领导者一般都有一个特点，那就是过于正面。领导者要勤恳工作且乐观向上，这些特质当然十分重要，但是从下属的角度来看，他们会感觉看不到这个领导者的内心世界。

不能顺利开展工作的领导者，其典型表现用一句话来概括就是缺乏“烟火味”。在员工满意度调查中，我们意外地发现，得分较低的一般都是领导者缺乏“烟火味”的公司。

这些领导者缺乏“烟火味”的原因各不相同。有的领导者刚刚走上领导岗位，有的领导者用力过猛，也有的领导者天性如此，凡事喜欢积极向上，而自己却完全意识不到。不管是出于哪种原因，上述这些领导者都缺乏“烟火味”且很难拉近与下属之间的距离。

那么，领导者该怎么办？**领导者需要适当地展示自己的弱点。**

例如，一名领导讲了这样的话之后，一下就抓住了员工们的心：“我做销售工作的时候，有一次实在是太累了，去见客户的时候在山手线[①]上睡着了，不知道坐了多少圈，最后客户也没见成。”可能每个人都有类似的经历。不怕大家笑话，我本人也曾在日本大阪的环状线上睡着，并且坐了一圈。领导者在与员工的交流中要多讲能拉近距离的话，让员工觉得“原来领导者也曾经和自己一样”。

我建议领导者要想办法和下属谈一谈自己的弱点以及失败的经历。

① 山手线是日本东京的一条环形电车线路。——译者注

⊙ 能展示自己的弱点也是种优势

我曾经与一个著名的合气道大师聊过天。虽然对方是日本合气道界屈指可数的人物，但我还是问了以下这样的问题："如果遇到流氓纠缠，您会怎么做？"大师是这么说的："我会害怕，会撒腿就跑。"

这个回答着实让我吃了一惊。但是，我仔细询问之后，才明白大师的意思。

大师说："做事情没有边界的人是非常可怕的。所以，我只能撒腿就跑。"

之后，我又继续追问："那如果您被打了呢？"得到的回答是这样的："以不让对方记仇为限度，进行必要的防卫，然后撒腿就跑。"

大家感觉如何？是不是能够感到大师有一股"烟火味"。大师的弟子们一定也有相同的感受。还是那句经常被人提到的话：**真正的强者是知道畏惧的。**

我希望领导者能够向下属展示自己的弱点，以此来拉近彼此的距离。

下属也一定会想：因为领导者是了不起的人，所以才会主动展示自己的弱点。

这也是领导者的一种处世之道。

人们在成为领导者后，要主动谈起自己的失败经历。

本章参考文献

[1] 『リーダーシップの哲学』、一條和生、東洋経済新報社.

[2] 『PRESIDENT』、2015年8月31日号、プレジデント社.

[3] 『MBAコースでは教えない「創刊男」の仕事術』、くらたまなぶ、日本経済新聞出版社.

[4] 『LIFE SHIFT（ライフ・シフト）』、リンダ・グラットンほか、東洋経済新報社.